고난의 축복

이최순 목사의 삶의 고난을
통해 얻은 하나님의
놀라운 축복의 이야기!

도서
출판 행복에너지

초판 1쇄 발행   2018년 3월 31일

지 은 이   이최순
발 행 인   권선복
편   집   한영미
디 자 인   이동준
전 자 책   천훈민
마 케 팅   권보송
발 행 처   도서출판 행복에너지
출판등록   제315-2011-000035호
주   소   (157-010)서울특별시 강서구 화곡로 232
전   화   0505-613-6133
팩   스   0303-0799-1560
홈페이지   www.happybook.or.kr
이 메 일   ksbdata@daum.net

값 15,000원

ISBN 979-11-5602-5986(03230)
Copyright ⓒ이최순 , 2018

도서출판 행복에너지는 독자 여러분의 아이디어와 원고 투고를 기다립니다. 책으로 만들기를
원하는 콘텐츠가 있으신 분은 이메일이나 홈페이지를 통해 간단한 기획서와 기획의도, 연락처
등을 보내주십시오. 행복에너지의 문은 언제나 활짝 열려 있습니다.

고난의 축복

고난은 축복을 주시기 위한 하나님의 예정된 훈련이다.

이최순 지음

고난의 축복

모래 위의 발자국

지난 꿈속에 나는 주님과 모래 위를 거닐고 있었죠.

주님과 함께 걷는 마음은 너무나 행복했어요.

그러다 나의 두 눈엔 이상한 것이 보였던 거예요.

나의 영혼이 가장 아플 때에 나를 떠나지 않겠다 하시던 주님이

나를 잊으시다니 너무 괴롭고 의아한 마음에 이렇게 원망했네.

오, 주님 주님께서는 내가 너와 함께하리니

너는 정녕 나를 따르라고 말씀하셨잖아요.

오, 사랑하는 나의 아들아 내가 왜 너를 버리겠느냐

네가 보았던 그 발자국은 너를 안은 나의 것이었노라.

C O N T E N T S

PART 1
내 삶의 흔적

C O N T E N T S

PART 2
기행문 I

마지막이라고
생각했던 순간,
다시 시작되기도
한다는 걸

C O N T E N T S

PART 3
기행문 II

늘 중요한 것은
'언제'가 아니라
'무엇'이었다

　돌이켜 보면 오늘 내가 존재한다는 것은 바로 무소부재(無所不在)하신 하나님의 은혜라고 할 수 있다.

　"형제들아 너희가 여러 가지 시험을 당하거든 온전히 기쁘게 여기라.", "이는 너희 믿음의 시련이 인내를 만들어 내는 줄 너희가 앎이라."(약1:2〜3) 하는 귀한 말씀의 증인으로 세우시기 위한 그분의 계획 안에서 산 것인 줄을 알았기 때문이다.

　고난을 당해서 황당할 때는 의인을 보내주셔서 도와주셨다. 질병의 고통으로 헤맬 때는 그에 합당한 사람을 붙이셨다. 막다른 골목에 주저앉아 모든 것을 포기하고 싶었을 때는 해결사를 보내셔서 해결해 주셨다. 실인즉 이 모든 일들은 그분의 섭리였음을 이제야 깨닫는다.

　화재로 인하여 교직에 열정을 바치게 하셨고, 패혈증을 통과케 하셔서 삶의 전환점을 만드셔서 교역자의 길을 가게 하셨다. 이 모든 과정은 사랑으로 역사하신 하나님의 배려였음을 고백한다.

　지극히 평범한 삶의 일부를 여기에 기록한 것은 받은 은혜를 나누고자 하는 마음에서다.

"사랑하는 자 그 뜻대로 부르심을 받은 자들은 모든 것이 합력하여 선을 이루시느니라."는 말씀의 성취라고 할 수 있다.

우리 형제들은 나와는 함께할 기회가 드물었다. 서울에서 공부할 때는 어린 동생들은 시골 고향에서 성장했고, 대학 졸업 후 귀향해서 교직에 종사할 때는 동생들이 저마다 서울에서 학문에 힘썼다. 졸업 후 군 복무로 또는 면학에 힘쓸 때였다.

결혼 후 각기 안착하기에 여념이 없을 때였다. 그러나 형제가 고난을 받았을 땐 합심하여 위로하며 권면하고 도와주는 게 현실적인 삶인 것을 실감했다. 그래서 가족의 소중함과 피는 물보다 진하다는 속설이 나오기도 하는 현실이다.

저마다 가족을 소중히 여기고 사회의 한 자락을 맡고 살아가는 형제들이 된 것은 부모님의 반듯하게 사시는 모습을 보고 배우면서 자랐기 때문이라고 생각한다. 부모님의 신실하신 신앙심으로 기도하신 열매라고 생각한다. 형제가 서로 떳떳하게 살아온 것도 부모님의 은덕이요, 믿음의 유산을 받은 것이라 생각한다.

형제들을 생각만 해도 마음 든든하고 바라만 보아도 힘이 되어왔고, 보람을 느낀다. 자기가 맡은 분야에서 제일인자가 되어 있는 아우들을 생각하면 늘 마음이 뿌

행복한 노년을 즐기는 삶을 영위하는 것은 날마다 살아계신 성령님의 동행하심인 것을 확언한다.

듯했다. 이는 다 우리 부모님의 신실한 삶의 결정체라고 생각한다. 일제강점기를 지나 8·15해방과 6·25동란을 겪으면서도 6남매를 다 서울유학을 시키신 것은 교육열정의 열매다. 우리 형제들이 고르게 잘사는 것 자체가 하나님의 축복이요 은혜라고 생각한다.

게다가 무자(無子)하여 사궁지수(四窮之首)가 될 뻔한 내 남편에게 처자식을 거두며 살게 하신 것은 참으로 놀라운 일이다. 결혼 후 일곱 번 수술하는 아내의 모습을 지켜보며 말없이 불평하지 않고 병수발하며 지켜준 것은 너무나도 고마운 일이다. 63년 결혼생활 중에 조용히 외조하며 옆에서 지켜준 옆지기인 남편에게 고맙다는 인사 외에 무슨 말을 하리오.

하나님이 선물로 주신 우리 자녀에게도 감사함을 전한다. 2014년 10월 금혼식과 남편 팔순잔치 후에 동유럽 효자여행을 함께 가게 해준 일은 참으로 고마웠다. 보람과 행복한 여행이었다. 여행 쇼핑도 하고 여행을 함께 주선해 준 아들 내외와 딸 내외에게 고마움을 전한다.

딸은 늘 세심하게 보살펴 주고 위로자가 되어 우리를 지켜주는 수호자가 되어 고맙다. 아들은 아빠와 친구처럼 야구 같은 취미생활을 하고 호스피스 의사로서 우리의 주치의로 물심양면으로 도와주고 있어 마음 든든하다.

겨울방학이 되면 바캉스나 여행 대신 병원에 들어가 병마와 사투를 벌이는 때가 허다했다. 그럴 때마다 내 옆에서 든든한 버팀목이 되어준 남편이다. 여러 가지 질병으로 인한 고통의 과정 속에서 말없이, 소리 없이 묵묵히 지켜주었기에 오늘 건강하고 행복한 삶을 사는 짝꿍이 되어준 사실에 감사함을 전한다.

마지막으로 내 영혼이 소성하는 기쁨 속에서 행복한 노년을 즐기는 삶을 영위하는 것은 날마다 살아계신 성령님의 동행하심인 것을 확언한다. 불안, 공포, 의심 등을 떠나서 안정과 평강이 넘치는 삶은 가장 복 받은 삶인 줄로 믿는다. 고난은 이런 축복을 주시기 위한 하나님의 예정된 훈련이었음을 알고 감사와 영광을 돌린다.

바람의 날개를 달고 거침없이 달려가는 세월의 흐름 속에서

여러 가지 훈련과정을 거치면서 꿈을 세워주시고

그 꿈을 향해 성숙한 삶을 살아가게 하신 흔적을 여기 기록한다.

내 삶에는 네 가지 터닝 포인트가 있다.

유아기 성장부터 서울유학 시절,

화재사건으로 인한 교직생활 시작이요,

병마를 이기고 목회자로 전환된 것이요,

은퇴 후에 소망 가운데 삶을 살게 된 노후개척의 삶이라 하겠다.

사실 넘쳐나는 정보의 홍수 속에서 나까지 보탤 것이 있느냐며

그동안 책으로 엮을 생각을 하지 않았었다.

그러나 하나님의 은혜를 나만 누리고 간다면 죄를 짓는 것 같아

두려운 마음에서 이 글을 썼다.

그간 블로그에 소개했던 기행문과 함께 엮어 여기에 소개한다.

PART 1

내 삶의 흔적

PART 1
내 삶의 흔적

01 _ 초근목피(草根木皮)로 연명하던 시절

》 처음 들은 칭찬

칭찬은 딱 한 번뿐인 것 같다. 우리 아버지는 일제강점기에 함흥 질소비료 공장에서 장성으로 전근 오셨다. 그 뒤를 이어 엄마랑 나는 이불에 사기요강을 넣은 이불보따리를 이고 기차로 서울역까지 와서, 지하도를 지나 중앙선을 타고 이곳까지 온 기억이 난다. 내 나이 6살 때였다. 그러다 광복의 기쁨을 맞이하게 되었다. 어머니는 1945년에 오매불망 기다리던 해방둥이 아들을 낳으셨다.

우리 가족이 고향 간다고 소달구지에 짐을 싣고 떠날 때 38선이 막혔다는 소문을 듣고 다시 짐을 풀어야 했다. 교회 앞 적산가옥에서 살았었다. '우애 노구미'라는 회사에서 회계를 맡아 하시던 아버지는 그들이 가버린 자리에 주저앉고 말았다.

　마을은 늘 뒤숭숭하였고 밤에 잘 다닐 수도 없었다. 하루 자고 나면 사람들이 쥐도 새도 모르게 죽어 나간다는 소문이 나돌기도 했다. 누구는 귀가 떨어져 나갔다는 얘기를 듣고 불안한 나날을 보내야 했다. 새로운 정부가 수립되는 과정에서 사람들은 치안이 빨리 확보돼야 한다며 근심의 말을 나누기도 했다. 일제 말기의 착취로 인하여 우리들의 굶주림은 날로 심해졌다.
갑자기 일자리가 없어진 우리 집은 닥치는 대로 일을 해야 했다. 엿 장사며 나마가시(화과자의 일종) 장사도 했던 것 같다. 어머니가 난전에서 산나물 장사를 할 때 나는 엄마 옆에 앉아 있곤 했었다.

　어느 봄날 하루는 소나무 껍질을 벗기러 산에 가신 부모님이 오시질 않았다. 소나무 껍질을 벗겨다가 물에 우려내어 빻아서 떡을 해먹었던 가난한 시절이었다. 그야말로 초근목피(草根木皮)로 근근이 생명을 연명하던 때였다. 그날도 나는 홀로 남아 집을 보고 있었고, 해는 져서 어두운데 해방둥이 동생을 업고 가신 어머니와 아버지가 오시지 않았다. 전깃불도 없었고 등잔불을 켜던 때였다. 어린 마음에도 걱정이 되어 밥을 무쇠 솥에 하기로 했다. 늘 어머니를 따라다니던 나는 부뚜막에 앉아서 밥물 맞추는 것을 보았던 기억을 더듬어야 했다. 눈에 익힌 대로 손등 위 손가락까지 물이 닿게 하고, 불쏘시개로 불을 지펴 밥을 해놓고 기다리다가 잠이 들었다.

잠결에 두런두런 얘기하시는 소리가 나서 깼다. 식사하시며 아버지의 말소리가 들렸다.

"어린 것이 어떻게 이리도 밥을 잘했을까?"

신통하다고 칭찬하시는 소리를 들으며 다시 잠이 들었다. 그게 아버지께 처음으로 들은 칭찬이었다. 학교 입학 전이었으니까 아마도 여덟 살 정도였을 것이다. 늘 나는 그저 동생들만 잘 봐야 했다.

부모님은 귀향은 못 했어도 열심히 일하셔서 자리 잡기 시작했고, 고향사람들이 월남해서 하나둘 찾아오면 잠시 머물다가 자립할 수 있게 도우셨다. 함흥에서 38선을 넘어 임진강을 건너오신 이웃아저씨들의 식사대접은 수개월 계속되었다. 어머니는 한 달에 쌀 한 가마씩 밥을 했노라고 하셨다. 그러더니 삼촌을 데려다가 태백중학교에서 공부시키고 장가도 보내셨다. 서울에 살림을 내 주시고 그 삼촌댁에서 우리들의 유학생활도 시작되었다. 방학이면 공부도 별로 안 하면서 큰 여행가방에 무거운 책들을 싸 넣고 다녀가곤 했다. 오갈 때면 점원인 형기가 그 큰 가방을 메고 철암역에 옮겨다주었다. 그때는 기차가 청량리역에서 철암역까지 13시간 걸렸다. 추위도 난방도 없었다. 석탄으로 검은 연기를 뿜으면서 칙칙폭폭 고함지르며 다니던 때였다. 겨울엔 영하 17~18도 추위여서 가방에 넣었던 솜버선을 꺼내 신어야 했다.

그때를 생각하면 지금 전철 타고 다니는 교통 환경은 천국이다. 의자에 앉으면 따뜻한 온돌보다 낫다. 경춘선의 비둘기호 시절엔 청량리역까지 3시간 소요되었고, 무궁화호가 들어왔을 때는 1시간 50분이 걸렸었다. 지금 ITX를 타고 다니는 것은 신선놀음이다. 한 시간이면 청량리 도착이니 말이다.

　이같이 편리한 교통수단이 된 것은 이 땅의 부모님들이 허리를 졸라매고 자식들을 열심히 교육시킨 덕이라고 생각한다. 그리고 그 아이들이 열심히 공부하고 연구한 결과물이라고 생각하면 장한 생각이 든다. 그래서 나는 이 땅의 젊은이들의 뒤통수만 봐도 귀하고 사랑스럽다.

　동유럽 여행이나 일본 여행 시에 타본 낡은 트레인에 비할 바가 못 된다. 한국의 전철은 쾌적하며 깨끗하고 따뜻하다. 내 어머니 세대가 이런 문명의 혜택을 누리지 못하고 가신 것을 생각하면 안타깝다.

　우리 세대는 다행히 운이 좋다고 할 수 있어 늘 고마운 생각이 든다. 지금은 계단을 이용하거나 에스컬레이터 또는 엘리베이터 등 자신의 형편과 능력에 맞게 다닐 수 있도록 시설이 되어 있으니 얼마나 편리한가! 게다가 65세 이상은 공짜로 다니니, 믿기지 않을 정도로 고맙고 대한민국에 사는 것이 자랑스럽고 행복하다.

02 _ 6·25 때 태어난 동생 산바라지

　초등학교 5학년이 되자 6·25동란이 일어났다. 우리 가족은 금천을 지나 태백산 너머 산속 깊은 곳 '구마동'이란 동네로 피난을 갔었다. 피난 보따리를 이고 지고 가시는 부모님 뒤를 따라가던 때 발아래 살모사가 기어가는 것을 보고 기절할 뻔했다. 구마동 골짜기 초가 토담집에서도 뱀 때문에 기겁을 한 일이 한두 번이 아니다. 깊은 산골짜기에서 곤드레 나물이랑 개미추 등의 산나물을 뜯어 먹으며 살았다. 땅거미가 질 때야 오솔길로 내려오던 때가 아득하다.

피난처에서 주인아주머니가 노랗게 익은 옥수수를 쪘었다. 김이 오르는 노란 옥수수를 쟁반에 담아 뒤뜰 장독대에 먼저 올려놓고 우리에게도 나눠주어 먹었었다. 여름에 산촌마을에서 산딸기며 산나물을 캐다 먹으며 지내다가 다시 돌아왔다. 그런데 이번엔 또 피난을 남쪽으로 가야 한다고 했다. 10만 대군의 중공군이 한국전쟁에 개입하여 피리 불고 꽹과리 치면서 처들어온다는 소문이 나돌았다. 우리 집 남정네들은 다 남쪽으로 피난을 갔다.

마을에는 산달이 가까운 우리 엄마와 아이들만 남았다. 온 동네가 조용하고 텅 빈 것 같았다. 어머니는 드디어 11월에 해산을 하셨다. 초등학교 5학년이었던 내가 산바라질 해야 했다. 그땐 수도가 없어 멀리 개울에 내려가서 물지게로 물을 길어 날랐다. 어머니의 피 묻은 옷이며 아기기저귀를 냇가에 가서 빨았었다. 고무장갑도 없는 때여서 손이 엄청 시렸다. '어린 손에서 산바라지를 받는 어머니는 얼마나 불편하셨을까?' 하는 생각이 들었다. 그 추운 겨울 나를 기다리며 양지쪽에 서서 햇볕을 쬐고 있던 동생들은 겁에 질려 떨고 있었다.

　이렇게 어린 시절부터 험하고 힘든 일을 하고 자란 나는 그 후부터는 무서운 일이 없었다. 아무리 힘들어도 그때 겪었던 일을 생각하면 아무것도 아닌 것으로 알고 해낼 수 있었다. "어릴 때 고생은 금 주고도 못 산다."는 속담대로다. 지금은 아파트 생활이 얼마나 편리한가? 냉온수가 번갈아 나오며 추위를 모르고 호강하며 따뜻한 실내에서 모든 생활을 해결하며 산다. 그때 동생들의 운동화를 한 다라에 담아 이고 냇가에 가서 가마니의 짚을 뽑아서 비누칠을 해서 씻었다. 그 시절에 비하면 지금 일하는 것은 너무나 편리하다. 운동화도 지금은 신발세탁소에 맡기는 시대가 되었으니 말이다.

　그때 내가 산바라지 한 6·25둥이가 자라서 카이스트를 거쳐 도미하여 몬타나 대학으로 유학 가서 이학박사가 되었고, 퇴직 후 지금도 화학연구소에 남아 활동하고 있다.

03 _ 서울 유학시절

우리 집은 장성시장에서 〈양행사〉라는 유일한 서점을 경영했었다. 당시 삼척군 내의 중고교에 교과서 납품도 했었다. 내게는 '책방 집 딸'이라는 호칭이 따라다녔다. 책방에다가 문방구와 도배지도 겸하여 운영했었다. 초등학교 시절을 생각하면 참으로 안타까운 일들이 많았다. 마음대로 친구들과 놀 수 없었다. 6남매의 맏이여서 내 등에는 꼭 동생들이 업혀 있었다. 공기놀이, 땅따먹기, 고무줄넘기, 줄넘기도 혼자서는 할 수 없었다. 어린 나이에도 '장녀가 되는 것은 거저 되는 것은 아닌가 보다.' 생각하고 감수했었다. 나는 우리 집에 꼭 필요하고 있어야 하는 사람이 되기로 했다.

그러나 물지게를 지는 일은 동생을 업고는 할 수 없는 일이었다. 그런데도 우는 아이를 달래주지 않으시고 그 먼 언덕까지 찾아오셔서 내 뺨을 때리시고 내려가신 아버지셨다. 아이 봐주는 것은 여자들의 몫이라 생각하는 문화였던 것 같다. 아버지는 우리를 안아주신 기억이 없다. 철저하고 냉철하시고 사무적인 분이셨다. 가계부까지 꼼꼼히 쓰셨다. 평생에 맞은 기억은 그때가 처음이요 마지막인 것 같다.

나는 책읽기를 좋아해서 서점에 진열된 책을 닥치는 대로 읽었다. 어느 날 『학원』 잡지를 보다가 서울 시내의 5대 공립학교 소개 편을 보았다. 거기서 무학여고 차사필 여자 교장선생님을 알게 되었다. '아하, 여자도 공부 많이 하면 교장선생님이 되는구나.' 깨닫고 공부에 관심을 갖게 되었다.

중학교 들어가면서 나도 서울 가서 공부해야겠다는 결심을 했다. 평소에 한국문학, 세계문학 책을 섭렵하며 간접경험을 넓혔다. 『학원』 잡지를 매월 읽으며 나도 이런 탄광촌을 벗어나 서울 여학교로 진학하겠다는 야무진 꿈을 다졌다. 고교 입시공부를 준비하면서 어머니께서 늦게 얻은 남동생을 서울 유학시키자며 권면했다. 자고로 "말은 제주도로 보내고 사람은 한양으로 보낸다."는 얘기로 어머니를 설득했다. 장성에도 중고교가 있었지만 그 당시는 고등학교가 남녀공학인데다가 공업고등학교였다.

　『학원』 잡지에서 본 대로 순수 여학교에 다니고 싶어서 서울 유학을 결심했었다. 『학원』 잡지의 인도를 받은 셈이다. 5대 공립여학교 중에서 무학여고에 가고 싶었다. 양쪽 목 아래로 학 다리처럼 뾰족하게 내려온 하얀 교복 칼라가 멋있어 보였다. 그날부터 몰래 모범입시책을 놓고 공부하기 시작했다. "엄마 나도 서울 가서 여학교에 다니고 싶다."고 틈만 나면 졸라댔다. 그때 어머니는 "나는 공부하고 싶어 하는 놈은 여자 남자 가리지 않고 가르칠 것"이라고 말씀하셨다. 그 후부터 해방둥이 동생을 나와 같이 서울 유학을 시켜달라고 조르기 시작했다. 장남인 우리 동생을 책임지고 잘 가르치겠다고 했다. 어렵게 얻은 장남에 대한 애착이 남달랐던 부모님이셨다. 드디어 이듬해 봄에 유학의 길이 열렸다.

　1955년 봄에 무학여고에 합격하였고 충무로에 있는 일신초등학교 4학년에 남동생을 전학시켰다. 동생의 몸종이 되어 숙모님 댁에서 보살피기 시작했다. 먼 친척아저씨의 안내로 찾아가 시험을 치렀다.

시험발표 날에 학교에 늦게 갔더니 게시판에 붙었던 방을 떼어버린 후였다. 되돌아 나오려는데 늦게 온 몇 사람들이 어디론가 몰려가고 있었다. 나도 뒤를 따라가니 바로 서무과였다. 떼놓은 방을 펴니 내 수험번호가 있기에 흥분해서 집에 와서 "엄마, 나 합격했어!" 하고 어머님께 전화로 알렸다.

누구의 안내도 설명도 인도자도 없이, 꿈을 키우려는 생각으로 전차를 타고 다니는 서울 유학생활이 시작되었다. 서울은 수복 후라 거리는 다소 황폐했다. 건물 벽마다 대포 자리, 총 자국이 그대로 남아 있는 부분이 많아서 어수선했다. 1953년에 휴전인데 1955년에 상경했으니 말이다.

이렇게 진학한 나는 월요일이 가장 좋았다. 내겐 지금도 '월요병'이라는 게 없다. 토요일과 주일에 모든 소지품과 교복 칼라를 깨끗하게 빨아 손질하고 준비가 끝나면 월요일이 기다려지곤 했다. 꿈에 그리던 여학교에서 공부하는 게 꿈만 같았다. 숙제를 끝내고 소지품 일체를 내 손으로 준비하고 월요일에 등교하는 게 가장 즐거웠다. 충무로에 있던 충현교회에 다녔다. 그러다가 고3이 되면서 주일이면 새벽에 충무로 4가에서 걸어서 입구에 있었던 국립도서관(1958년)에 가서 줄을 서서 기다리다가 입장권을 받아서 대학입시 준비를 했었다. 누가 시켜서도 아니요, 강요해서도 아니요, 오직 가슴속의 꿈을 이루기 위한 준비를 했었다. 비록 집은 심산유곡의 태백골짜기에서 살았지만, 장차는 남녀차별이 없는 사회에서 평등한 삶을 살겠다는 포부에서였다. 추운 겨울밤에도 비원 담을 돌아 제동 언덕길을 걸어 다니며 캡틴 조에게 영어지도를 받기도 했었다.

아버지는 고지서만 보이면 등록금은 1등으로 잘 낼 수 있게 하셨다. 고교시절엔 거래처인 종로서점에서 읽고 싶은 책을 마음대로 골라오면 다 내 것이되었다. 긴긴 겨울밤이면 헌책방에서 빌려온 책을 마음껏 읽으며 간접경험을늘렸다. 책 속에서 영국의 템스 강을 걷기도 하고, 파리의 센 강을 거닐기도하면서 꿈에 부푼 삶을 만끽했다. 한국문학과 세계문학 서적을 탐독하면서도성경책은 읽지 않았다. 성경은 목사님의 전유물이라고 생각했기 때문이다.

드디어 고등학교를 졸업하게 되었다. 난 전문지식을 익히고자 고려대학교국문학과에 특차원서를, 고인이 된 배우 여운계와 함께 접수했었다. 하지만아버지가 이를 아시고 직접 학교에 가셔서 중등교사자격증을 취득할 수 있는세종대학 전신인 수도여자사범대학에 무시험 특차원서를 접수하셨다.

대학시험도 못 쳐보고 진학을 한 셈이다. 늘 마음속에 여자로 태어난 것이억울하고 분해서 원망의 응어리를 안고 대학교엘 다녀야 했었다.

04 _ 불 사이렌 소리를 들으면서

해마다 겨울이면 생각나는 일이 있다. 불 사이렌 소리!

그해 겨울은 유난히도 매서운 추위가 가슴을 조여 왔었다. 설날 다음날 밤에 불시에 화재를 만난 것이다. 우리 집 아래에 피복장사를 하던 판자로 지은 가게가 있었다. 거기서 잠자며 야간중학교에 다니던 고학생이 촛불을 켜고 공부하다 잠이 드는 바람에 불이 옷에 번져 화재가 난 것이다. 한밤중에 깊은 잠에 빠졌던 우리 가족들은 천장에 불이 타들어 오는 것을 보며 용수철처럼 밖으로 튀어나올 수밖에 없었다. 자다가 얼결에 불을 보신 어머니는 베개를 안고 나오셨고, 중2짜리 여동생은 싱가 재봉틀 위에 있던 제네럴다리미(당시는 숯불다리미를 주로 쓰던 때)를 안고 나왔다. 난 혼비백산하여 뒷방으로 뛰어 들어가 내가 애써 모아놓은 책들이 꽂혀 있는 책장을 흔들다가 튀어나와보니, 짝이 바뀐 신발을 신고 벌벌 떨고 있었다.

우리 가족은 6남매가 다 살아난 것만으로도 다행이라고 기뻐하며 안도의 숨을 몰아쉬었다. 그 와중에도 온 가족이 죽지 않고 살아남은 것만 감사해서 서로 얼싸안았다. 졸지에 타버린 집터에서 까만 무쇠솥과 굴뚝만을 바라봐야 하는 허망한 심정이었다. 80여 가구가 밤새 타버려서 우리 가족도 구제대상이 되었다. 서울 유학을 마치고 내려온 나는 애지중지 모은 책들이 흔적도 없이 타버린 것을 보니 몹시 아까웠다. 사람들이 몰려와 책이랑 상품들을 마당에 끌어냈으나 그마저도 불이 와 닿으니 더 활활 타올랐다. 그러니 불에 잘 타는 것들로만 꽉 차 있던 셈이었다.

바로 1960년 1월 2일 밤 꽁꽁 얼어붙은 강추위라 소방차가 물을 대기도 어려운 상황이었다. 그때는 수도시설도 없었고, 개울에서 물을 퍼 올려야만 했던 시절이었다. 게다가 집집마다 석유난로를 주로 사용하였다. 월동준비로 비치되었던 석유통에 불이 닿자 여기저기서 석유통이 펑펑 터져 튀어 오르며 점화가 잘되어 희생자가 더욱 많았다. 80여 호가 삽시간에 사라지는 대형화재였다. 새벽까지 불 사이렌 소리는 계속되었다. 그 소리는 십여 년간 나를 괴롭혔다. 지금도 소방차가 지나가며 불 사이렌 소리를 내면 가슴이 철렁 내려앉곤 한다. 그래서인지 심장이 약해 잘 놀라면서 심근경색도 앓았다. 지금은 가슴에 스턴트도 박았다.

하룻밤 새 우리 가족은 졸지에 거지가 되었으나 잿더미 위에서도 살길을 찾아야만 했다. 나라에서 보내준 구호품 중에 담요와 오리털로 된 침낭, 숟가락 등의 생필품이 배급되었다. 마침 목수로 일하시던 공씨 아저씨가 우리가 거처할 새로 지은 방을 내주어서 그나마 다행이었다. 그렇게 숨 막히는 단칸방에서 여러 달을 지냈다. 내게도 이웃들이 녹두색 코르덴 꼬리치마와 구두, 외투 등을 거저 주었다. 나는 그것을 착용하고 문교부에 올라가서 교원자격증을 재발급받을 수 있었다. 모교인 태백중학교 전희영 교장선생님의 배려로 임시교사로 채용되었다. 그때서야 자격증의 고마움을 실감했다. 만약 내게 교원자격증이 없었다면 얼굴이 다소 반반하니 호구지책으로 다방 레지 정도의 물장사라도 할 뻔했다. 이때부터 아버지에 대한 원망은 사라지고 감사한 마음을 가졌다. 대학 들어갈 때 만약 돌려놓지 않으셨으면 나는 고려대학교 중퇴자라는 이름하에 무엇을 하고 있을 것인가! 그때부터 난 내 모교 수도

여자사범대학을 사랑하게 되었다. 사실 학교 다닐 때는 실망과 좌절로 인해 즐거움이 없었다. 여길 다니려고 그 고생을 하며 시험 준비를 한 것이 억울하다는 생각으로 꽉 차 있었으니 재미있을 턱이 없었다. 교문에서 중학교 때 옛 친구를 만나자 서로 부둥켜안고 울었던 일이 엊그제 같다. 당시에는 국문과 두 반이었는데, 특차반과 일반시험반으로 나뉘어 있었다는 것도 최근에야 알았다.

내 모교의 학장님을 나는 귀히 여긴다. 남녀차별이 심한 때 가난한 수재들을 위해 여학생들의 진로를 열어가기 위한 제도를 만드신 분을 존경한다. 지금도 나는 대학동창들과 모교 출신 모임인 '에델바이스회'에서 만난다. 부부가 맞벌이하면서 억척같이 살아온 귀한 친구들을 나는 사랑한다. 회원들 모두가 하나님을 믿는 신실한 일꾼들이다. 이미 먼저 세상을 떠난 친구가 둘이나 있다. 다들 열심히 살았던 친구들이라 더욱 애석하다. 그 친구들은 현직에 충실하며 더 진학을 하기도 하고 자아성장을 위해 모범적인 삶을 살아온 좋은 친구들이다. 지금도 그들은 자기가 소속된 단체에서 귀감이 되고 유익을 주는 멋진 친구들이다.

사람에겐 누구나 인생의 터닝 포인트가 있다더니 내가 바로 그 주인공이 된 셈이다. 화재로 인해 교직생활이 시작되어 22년간 공직생활을 할 수 있었다. 이로 인해 사람이 살아가는 데는 누구나 전문지식이나 기술자격증이 있어야 한다는 사실을 절감한 나다. 그 후로는 학생들에게 삶에는 두 길이 있음을 강조하며 진로를 준비케 했다.

05 _ 이층집을 지으며

"심은 대로 거둔다."는 말이 있듯이 아버지께서는 화재 전에 어려운 학생들을 은밀하게 도우시며 장학금으로 선한 일을 해서인지 장성한 그들이 여러모로 도와주었다. 화재 후에 나와 같은 반이었던 친구 아버지께서 찾아오셨다. 하장성목재소 사장이셨다. 서울 유학 간 딸이 간곡히 부탁했다면서 후일에 갚으라며 집을 지을 수 있게 목재를 풍족하게 대주셨다. 사연인즉 나도 몰랐던 사실을 알게 되었다. 그 친구가 『우리말 큰 사전』 여섯 권을 사고자 했으나 돈이 없는 걸 보신 아버지께서 나중에 갚으라며 외상을 주셨던 것이다. 신문에 보도된 화재사건을 보고 보답하고 싶다면서 그의 아버지를 졸랐다고 했다. 그 후 그 친구는 서울에서 성균관대학을 마치고 일본에서 유학하고 귀국하여 모교에서 교수가 되었다는 소식을 풍문으로 들은 바 있다.

다시 지은 집은 2층에 탁구대를 놓고 탁구장을 경영했고, 아래층은 서점을 다시 할 수 있게 넓었다. 어려운 생활 속에서도 장성한 젊은이들이 쌀이며 옷

이며 필요한 생필품을 보내주었다. 유감스럽게도 운동을 싫어했던 나는 탁구는 관심이 없었기에 배우지도 않았다.

≫ 화폐개혁 하던 날에

마침 화폐개혁이 되어 모든 국민들이 돈을 바꾸어야 했다. 화재가 난 자리에 집을 지은 때라 우리 집 형편은 매우 어려웠었다. 장사를 해서 돈은 잘 돌아갔지만 남의 빚이 많았었다. 화폐개혁 때의 일이다. 학교에서 퇴근하고 오니 은행직원이 와 있었다. 직원의 계산착오로 엄청난 돈이 없어진 것을 모르고 있을 때였다. 그런데 바꾼 돈을 가지고 집에 오신 어머니께서 돈을 다시 확인해 보니 터무니없이 많아서 은행에 연락을 하셨다. 은행직원이 달려와 머리를 조아리며 어머니께 감사의 말을 연신 했다. 자기의 몇 년 월급으로도 충당할 수 없는 막대한 액수였는데 알려줘서 너무나 고맙다고 했다. 어머니는 당연한 일인데 그게 뭐 대수냐 하시며 그를 돌려보내는 것을 목격한 바가 있다. 아마 그 행원은 그때 돈을 돌려받지 않았으면 낭패를 볼 수밖에 없는 처지였으리라.

사실 그 무렵은 아버지 사업이 기울기 시작할 때여서 빚쟁이들이 날마다 찾아와 패역을 부리면서 저주의 말을 퍼붓곤 했었다. 어머니는 이자를 갚기 위해 일수놀이를 하시느라 날마다 저녁이면 수금하러 다니실 때였다. 이자 돈을 한 박스씩 담아 갚았었다. 그러므로 그 공짜 돈으로 얼마든지 원금을 다 갚고 편히 사실 수 있는 기회가 온 것이었다. 하지만 부당한 돈으로 이득을 챙기지 않으시고 정당하게 사신 어머니를 보며, '과연 하나님을 믿는 어머니답다.'라는 생각이 들었다. 어머니의 정직함에 감동을 받았고, 잘하셨노라 박수갈채를 보냈었다. 이 사실은 우리 동생들이나 누구에게도 말하지 않고 지나간 일이었다. 정직하고 정당한 방법으로 자녀들을 키우신 우리 어머니를 보고 살아온 나는, 사람은 정직이 힘이요 용기며 행복이라고 생각하며 떳떳하게 사는 것을 배웠다.

울 아버지는 남자는 원하는 대로 4년제나 대학원까지 얼마든지 뒤를 대줄 수 있지만, 여자는 출가외인이기에 초급대학밖에 허락할 수 없다고 주장하시던 봉건주의자요 보수주의자셨다. 그때는 남아선호 사상이 지배적이었던 때라 어쩔 수 없었다. 그래서 우리 집 남자형제들은 다 대학원까지 졸업하였다. 하지만 여자들은 다 나와 같았다. 동생들은 나보다 9년 이하의 터울인데다 15년 차의 막내가 있었다. 바로 밑의 여동생도 2년제를 나오고 제일병원에서 병리사로 야간근무하면서 편입시험을 쳐서 고려대학교를 졸업했다.

그러나 어느 날 여동생이 고입시험을 치르는 막내에게 아침밥을 먹여 보내고 깜빡 졸다가 잠이 들었다. 숭늉을 끓이던 솥이 타는 냄새에 놀라 부엌으로 뛰어나갔다가 그만 양은솥 뚜껑 위에 넘어져 졸도를 하였다. 연탄가스에 취했던 것이다. 겨우 정신을 차려서 오른쪽 볼에 붙은 솥뚜껑을 떼고 거울을 보니 흉측했다. 인근 병원에 가니 3도 화상이라 했다. 누구보다 예쁜 둘째 동생은 화상을 입고 고통 속에서 살아야 했다. 그 아이가 고려대학을 졸업할 땐 학과수석을 해서 어머니 목에 서 돈짜리 금메달을 걸어드려 기쁘게 한 효녀였다. 하지만 군 제대 후에 복학한 클래스메이트와 결혼하고 도미했다. 내 평생의 기도 제목이 된 아우이다. 동생은 제부의 남다른 사랑을 받았다. 그야말로 닭살 커플이었다. 병간호도 직접 했고 그의 재능개발에 외조를 잘했다. 학문에 힘써 목회학 박사, 선교학 박사학위를 받고 성실하게 살았다. 샌

프란시스코의 오크노 병원에서 동양인이요 여자였으나 원목 4명 중에 한 사람으로 활동했었다.

맏이로 태어난 나는 윗물이 맑아야 아랫물이 맑다는 생각을 가지고 아우들에게 엄한 누이요 언니가 되어야 했다. 내 마음에는 자식은 부모가 낳아도 키우는 것은 맏이라는 생각이 지배하고 있었다. 갓 대학을 졸업하고 내려와 점원과 함께 서점 일을 돕고 있던 내게 청혼이 들어오기 시작했다. 그럴 때마다 어머니는 "우리 딸은 하늘로 줄지, 땅으로 줄지 모르겠다." 하시며 생각해 본다고 거절하셨다. 장성은 탄광촌이라 그 당시 서울공대 출신들이 대한석탄공사에 한창 몰려오던 무렵이었다. 그 시절엔 탄광촌에 경기가 좋다고 모여들었다. 우리 서점에도 젊은이들이 자주 드나들었다. 아버지는 전국 석탄공사 여러 기관에 자재를 납품하셔서 제법 삶이 풍요롭기도 했던 것 같았다. 하지만 졸지에 일어난 화재로 인해 낭패를 당했다. 이웃들이 보내준 쌀이며 구호품으로 다시 불같이 재기의 기회가 되도록 힘썼다.

쓴맛을 일찍 경험해서였는지 동생들은 다행히 정신 차리고 다투어 공부하기 시작했다. 그들은 다 내 제자이기도 했다. 그러나 반 배치할 때 그 반에는 수업을 하지 않게 시간표를 짰었다. 그러나 아이들의 일기장을 점검하는 중 자신의 이상을 기록한 가운데, "지금은 비록 어렵게 살지만 장차는 중류 이상의 삶을 살 것이다."라고 목표를 뚜렷이 쓴 동생도 있었다. 6남매 모두가 시골에선 중학교만 졸업하고 서울로 가서 고교진학을 했다. 큰형이 다녔던 경동고교를 비롯하여 서울로 진학을 해서 가정교사 등의 알바로 진로를 개척하며 저마다 고생하면서도 재능개발에 힘썼었다. 그중에서도 내 바로 밑의 여동생은 시골 남녀공학에 다녔다. 남동생 셋은 다 서울로 가서 다니는데 여자라 가지 못했다. 하지만 5일 동안 단식하여 성신여고 3학년에 편입학 시켰다. 그런 그 아이가 막내 여동생도 서울로 유학시키는 걸 도우려다가 화상을 입은 것이다.

어쨌든지 사연도 많은 가운데 모두 서울 유학생이 되었다. 지금은 그들이 사계의 권위자로 일익을 담당하고 있다. 이학박사, 선교학박사, 목회학박사, 치의학박사 등이다. 그중 막내둥이 남동생은 화재 후에 서울 보내는 것이 어려웠다. 하지만 전교수석으로 교육감상을 받을 정도로 열심을 다하는 신실한 노력형이었다. 매형이 서울 유학을 약속하였기에 큰형이 다녔던 경동고교에 진학했다. 입학시험을 칠 때마다 어머니 대신 내가 동행하였다. 그 후 서울대학교 치의학대학에 입학하자 졸업까지 6년 동안 등록금을 후원했다. 그는 서울대학교 기숙사인 정영사에 기거하며 폭넓은 지인들과 친교 하는 기회도 얻었으리라고 생각한다. 용돈은 본인이 알바로 충당했다.

◀부모님 모시고 치의예과
　졸업하는 동생과 함께

아무튼 내 아우들은 각 분야에서 불같이 일어나 사회에 기여하고 있다. 옛 집을 찾아가니 그 집터는 자식이 잘된 집이라 인기가 있다는 말도 들었다. 아무튼 나는 그들을 생각만 해도 자랑스러웠다. 그 동생들이 있어 늘 마음 든든하고 행복하다.

06 _ 묵묵히 내조하신 어머니

아우들을 외지에 보내 공부시키시느라 참으로 고생을 많이 하신 어머니이시다. 화재 후에 빚쟁이들에게 시달리시며 마음고생을 많이 하셨다. 아버지 사업이 사양길에 들어서자 때만 되면 빚쟁이들이 이자 받으러 몰려와서 안방을 차지하고 해악을 퍼붓고 가곤 했다. 그 악한 말을 들을 때마다 그녀가 말한 대로 그 치마폭에 쏟아지는 날이 올 거라며 스스로 위로했다. 동생들은 피해 다니고 나도 가급적이면 그 집 앞을 돌아다녔다. 어머니는 일수 돈을 직접 받으러 다니시며 매월 1상자씩 이자 돈을 갚으며 사업 뒷바라지를 하셨다. 그 시절엔 현금을 주로 사용했었다. 그럼에도 불구하고 불만이나 팔자타령 한 번 안 하시고 묵묵히 내조하신 어머니 덕에 우리 형제들은 주저하지 않고 자신들의 꿈을 키워나갈 수 있었다.

"남자나 여자나 관계없이 공부하겠다는 놈은 말리지 않는다."며 배움을 소중히 여기시고 밀어주신 어머니이시다. 남들은 그까짓 가시내를 중학교나 졸업시켜 시집이나 보내지 무슨 서울까지 공부 시키냐? 하고 비아냥거리기도 했다. 그런데도 어머니는 막내까지 서울로 다 보내놓고 고생하셨다.

◀ 어머니와 함께

당신은 낫 놓고 기역 자도 잘 모르는 분이셨다. 대야에 담은 모래 위에다 글을 썼다가 지우며 겨우 한글을 익히셨다고 했다. 어머니의 편지에는 받침 없는 글씨가 많았다. 그래도 난 그 뜻을 알 수 있었다. 당신이 못 배운 한을 자식에게는 대물림하지 않겠다는 결심으로 사신 분이셨다.

당신의 생각대로 소신껏 사시는 어머니를 보며 사람은 꿈이 있으면 의지대로 산다는 것을 터득했다. 나는 신실하게 사신 어머니께 감사하며 늘 마음속으로 '공로패나 감사패를 만들어 드려야지….' 생각하면서도 마음뿐이었지 실천하지 못한 불효여식이다.

어머니는 바쁘신 와중에도 화분을 잘 가꾸셨다. 제라늄을 무척 좋아하셨다. 꽃을 보면 마음이 환해진다고 하셨다. 그토록 꽃을 좋아하시며 아이들 땜에 힘들다는 말씀도 하시지 않으셨다. 그래서 나도 제라늄을 잘 가꾸며 어머니를 생각한다. 여름이면 참외랑 복숭아 등의 과일을 한 광주리씩 사놓으셨다. 아이들이 드나들며 실컷 먹을 수 있게 하셨다. 가을엔 태백산 깊은 골짜기에서 따왔다는 머루, 다래를 마음껏 먹을 수 있게 하셨다. 우린 겨울이면 땅에 묻어둔 큰 항아리 속의 머루주를 퍼다 먹었다. 어느 해 명절엔 머루주를 머루 째 로 떠다 마시고 아우들의 얼굴이 붉게 물들어 쓰러져 자는 모습을 보기도 했다. 어린 시절에 머루주를 퍼먹은 기억이 새롭다. 포도주스를 아무리 만들어 마셔 봐도 그때 그 머루주 맛을 낼 수가 없다. 어린 시절 과일을 풍성하게 먹던 버릇 때문인지 난 지금도 과일 살 때는 풍성하게 넉넉히 사는 버릇이 있다. 그래서 이런 나를 보며 그이는 손이 크다고 한다.

화재 후 임시교사 생활을 하던 중에 영어, 수학, 국어 과목에 응시가 있었다. 우리 학교에선 과목별로 3명이 교원채용 고시에 응시했다. 그런데 나만 합격이 되었다. 이 사실을 아신 아버지께서 친히 춘천으로 가셔서 직접 강원일보에서 합격자 명단을 구해다 주시며 합격소식을 알려주셨다. 그렇게 해서 61년 9월 11일 자로 정교사 발령을 받을 수 있었다. 그 후로부터 집에 생활비를 보낼 수가 있었다.

07 _ 그이와의 결혼생활

경동중학교 입학시험을 치는 날은 춥고 싸늘한 날씨였다. 사람들은 햇빛 잘 퍼지는 양지바른 곳을 찾았다. 나는 사랑하고 귀히 여기는 남동생이 시험 치는 교실 앞에서 그이를 처음으로 만났다. 당시 서울사범대학 졸업반이라 했다. 동생의 개인지도 선생이었다. 4학년 때부터 가르친 선생이었다. 당시 서울대학교 감색 교복의 왼쪽 가슴에 서울대학교 마크가 새겨진 옷을 입은 훤칠한 키의 청년이었다. 나는 고3이었다. 그는 가끔 삼촌댁에 바둑을 두러 놀러 오는 것 같았다. 그러던 어느 날 카투사 부대에 입대했다면서 또 놀러 와서는 삼촌과 바둑을 두고 갔다.

대학을 졸업하자 난 고향에 내려와서 서점 일을 도왔다. 숙모님이 중매를 했다. 자기 동생 같았으면 꼭 짝을 지어주고 싶다고 했다. 필동에 산다는 그이 집엘 숙모님이 앞장서서 몰래 찾아갔었다. 9·28 수복 후 부산에서 피난생활을 접고 인천수협 조합장을 지내신 아버지를 두고 있었으나 서울로 와서 고생하며 사는 것 같았다. 밤에 숙모랑 필동 언덕의 좁은 골목길을 기어 내려왔다. 사람은 괜찮은 것 같은데 너무 가난하게 살고 있었다. 그러나 그를 가난하다고 포기하면 벌 받을 것 같은 두려움이 엄습해 왔다. 나는 교제 한 번도 못해 본 숙맥이었다. 때로 남학생들이 편지도 집에 던지고 따라오기도 했지만 여자는 몸과 마음이 정결해야 떳떳한 가정생활을 할 수 있다는 보수적인 생각이 지배적이었다. 지금도 같은 생각이다. 그이는 6남매 중 차남이었다. 조건은 서울대학생이라는 것과 차남이라는 것밖에 없었다.

난 집은 화재로 타버렸고 직장생활을 하느라 바빴다. 그이는 군대 제대 후 경남 모교에 발령받아 내려갔고, 나도 모교에서 교편생활을 하다 보니 8년의 세월이 흘렀다. 우린 서로 다른 지역에 근무하다가도 방학이 되면 약속이나 한 듯이 같은 날에 도착하는 이상한 인연이었다. 어머니는 본인이 좋다면 말리지 않으신다고 하시며 허락하셨다.

맞벌이 각오를 하고 그이와 어렵게 결혼을 하게 되었다. 내가 선택한 결혼이기에 힘들어도 원망과 불평을 하지 못하고 살았다. 결혼하자 경남에서 강원도로 전입해서 삼척시 근덕중학교가 첫 근무지가 되었다. 어느 날엔 그가 근무하는 곳에 찾아간 일이 있다. 임신 중에 갔는데도 사과 하나도 사주질 않아서 서운해하며 돌아온 일이 있다. 이듬해에 태백공업고등학교로 와서 같은 구내에서 오랫동안 근무했다. 그는 운동광이어서 야구, 농구, 배구, 축구, 탁구, 테니스 등 구기 종목은 다 좋아했다. 어느 날엔 드로어즈 팬티가 찢어지도록 농구를 하고 온 일도 있었다. 특히 테니스는 84세인 지금도 즐겨 하고 있다. 운동에 열광하는 그와 나는 서로 다른 정반대의 취미를 갖고 살고 있다. 하지만 그이는 병약한 날 만나서 마음고생을 많이 했을 것 같다. 환자 수발하느라 힘들었을 텐데 한 번도 내색한 적이 없는 착한 남편이었다. 나는 수술 일곱 번 이 주로 부인과 수술이었다. 그래서 환자보호자로서 수발할 땐 여자 병실이라 민망할 때가 많았을 텐데도 묵묵히 대소변을 받아내는 등 환자 수발을 잘한 남편이다.

사실 나는 어릴 때부터 병약한 편이어서 어머니가 은근히 염려하시곤 했다. 민간요법으로 인진쑥이나 익모초로 만든 환약을 많이 복용했었다. 철따라 한약을 달여 먹기도 하고 침도 많이 맞았다. 고교시절엔 거의 매일 새벽 애국침의원에 가서 중한 침을 맞아 침에는 내성이 생길 정도였다. 이런 나는 아픈 것 참는 데는 이력이 난 사람이다. 초등학교 때는 1년에 한두 번씩 큰 병을 앓았고 결석도 가끔 했다. 중학교 때도 마찬가지였다. 훗날 생각해 보면 담석증 같았는데 병원에 가질 않고 한방으로만 다스린 게 문제인 것 같았다. 여러 번 수술했어도 꼭 겨울방학 때 했기 때문에 근무에는 지장이 없었다. 남들은 말하지 않으니 전혀 모를 수밖에 없다. 사실 맞벌이한 이유 중 하나는 남편이 불의한 일을 하지 않고 정당한 방법으로 교육에 전념케 하고자 하는 마음에서였다. 그는 대학교수보다 사범대에 간 목적대로 중고교 학생들을 소신껏 가르치고자 하는 일념에서 살았다고 할 수 있다.

08 _ 차돌이 곱돌 되지 않게

꿈도 없이 목표도 없이 놀기 좋아하는 개구쟁이들에게 틈만 나면 하는 말이 있다. "지금은 비록 시골에서 광부나 농부의 자녀로 어렵게 살지만 자신의 꿈을 키우기 위해 진력하는 것이 최선"임을 강조했다. 매 선생이라고 불릴 정도로 다소 엄한 교사였던 것 같다. 집에서 맞고 자란 아이들이라 맷집이 좋다고들 하였고 말로 타이르기는 어려웠다. 지능이 우수함에도 불구하고 노력하지 않는 학생들은 손바닥에 매를 주면서라도 공부하게 했다. 마음 좋은 선생보다 욕을 먹더라도 훗날 능력자로 살아가게 하고자 하는 뜻에서였다. 자신의 능력을 개발하지 않고 게으른 것은 불효요 죄라고 생각해서였다.

한글을 깨우치지 못하고 중학교까지 온 아이들은 밤이 늦도록 별도지도를 했었다. 늘 달을 이고 퇴근하는 날이 많았다. 그이는 약주를 하지 않으니 칼퇴근이었고 나는 정시 퇴근이 어려웠다. 시아버지께서는 소주를 밥보다 좋아하실 만큼 술을 즐기던 분이셨다. 그이는 소주잔을 들면 아버지 얼굴이 술잔에 비쳐서 마실 수가 없다고 했다. 운동 게임을 하고서도 집으로 곧장 귀하였다. 월급쟁이가 무슨 술이냐고 하면서 술과는 인연을 끊었다.

공부를 게을리했던 아이들은 덩치는 크고 깡패같이 힘이 세고 장난이 심한 개구쟁이들이었다. 그 아이들이 마음을 돌려먹고 공부에 힘써 태백공고 광산과나 금속공학과에 입학한 소식을 들었을 때는 뛸 듯이 기쁘고 보람을 느꼈다. 재능이 있으면 개발의 기회를 놓치지 말고 기회 지나가기 전에 꾸준히 미래를 준비하게 하는 것이 목표였다. "미래는 시작되고 있다."가 내 좌우명이다. 지금을 소중히 여기고 오늘 열심히 하는 학생들을 나는 사랑했다. 내게는 내일이 없다. 지금도 그렇다. 지금 할 일을 다음으로 미루지 않았다. 내게는 내일은 없다는 주장으로 살고 있다.

졸업한 제자들은 포항제철에 취직을 많이 하였다. 추석이나 명절이면 빨간 내의를 사들고 찾아오기도 했다. 지금은 70을 바라보는 할아버지들이 되었을 게다. 살기에 급급하여 자식들을 돌아보지 못하고 어렵게 사는 부모의 전철을 밟지 말아야 한다는 게 나의 목표요 지론이었다. 서울 유학을 해보니 부모를 잘 만나고 좋은 환경에서 자란 아이들은 공부를 잘하고 있었다. 처음 영어수업 시간에 교과서를 읽을 때 나는 깜짝 놀랐다. 시골에서 다니던 중학교 영어선생보다 더 잘 읽는 반 친구들이 많은 게 충격이었다.

곱돌이 차돌 행세를 하는 세상이 아니라, 차돌은 차돌답게 능력을 발휘하는 세상이 되어야 한다는 것이 내 꿈이요 목표였다. 학생들에게 한 가지 전문지식이나 전문기술을 익혀야 함을 강조하며 꿈을 갖도록 지도했다. 심은 대로 거둔다는 말씀대로 꿈을 갖고 준비한 만큼 성장한 제자들을 볼 수 있어 고맙다. 그래서인지 태백산골 출신들이지만 공학박사로, 작가로, 시인으로, 배우로 등단한 모습들을 볼 수 있어 행복하다.

나는 모교에서 14년간 봉직했다. 아이들을 키우느라 친정살이를 해야 했다. 사실 가정부에게만 아이를 맡길 수 없었기에 두 아이는 어머니께서 돌보아 주셔야 했다. 한 번은 큰애가 행방불명이 되어 방송하며 찾아다니느라 마음 졸이며 애타하던 기억도 있다. 세 살짜리 딸이 아장아장 걸어서 우리가 자전거 타고 출근하던 하장성 가는 길로 내려가는 바람에 딸아이를 찾아 헤매던 일이 있었다. 맞벌이 부부의 애환도 있었지만 초등학교 들어가기 전까진 친정어머니가 돌봐주셔서 마음 놓고 일할 수 있었다. 지금이야 어린이놀이방이나 탁아시설이 잘되어 있으나 그땐 그런 단어도 없었던 때였다.

◀ 아들 의대 졸업식 날
온 가족이 함께

09 _ 『강원교육사』 편찬

　근무하다가 보면 장기연수를 가야 할 때가 종종 있었다. 카운슬러 자격증 연수로 인해 40일 동안 아이들과 떨어져 있어야 했다. 친정어머니가 아이들을 돌봐주셨기에 직장생활이 가능했다. 사서교육도 40일간이었다. 카운슬러가 된 나는 38세에 주임이 되기도 했다. 1972년엔 삼청동연수원에서 10일간 일반연수 교육을 받은 일이 있다. 전국 남녀 주임선생들이 100명씩 따로 연수를 받을 때였다. 컴퓨터를 새로 도입하여 처음으로 채점한 해였다. 100명 중에서 내가 성적 1위를 하여 민관식 문교부장관상을 받았다. 그해는 강원교육위원회가 서열 순위 1위가 되기도 했었다. 이로 인해서인지 그 다음해에도 또 일반연수 대상으로 차출되었다. 거기서는 3위로 유기춘 문교부장관상을 받았다. 비록 시골인 태백중학교에서 근무했을지라도 시험 운이 좋았었다. 제2기 교감 차출 시험제도로 인해 발탁되었을 때도 90명 중 학과 톱을 한 일이 있다.

◀ 문교부장관상
1등 수상 기념

춘천중학교에서 시험을 치르는데 위경련이 와서 도저히 시험을 계속 보기 어려운 상황이었다. 이를 본 1년 후배인 김00 실과감독관이 식은땀을 흘리며 고통스러워하는 나를 보고 "누님! 이젠 일을 그만두시죠. 여자가 뭐 힘들게 일하십니까." 하고 핀잔을 주기도 했다. 하지만 난 이 일을 포기할 수가 없었다. 아이 낳을 때처럼 진통이 심한 배를 움켜쥐고 100문제를 다 풀고 시험장을 떠났다. 위경련을 앓아본 사람은 그 고통을 알 것이다. 사실 나는 어린 시절부터 잔병치레를 했기에 아픈 데는 이골이 좀 난 편이기도 하다. 등골에 식은땀이 쫙 흐르던 2월이었다. 그길로 돌아와서 생각나는 대로 시험문제를 적어두었다. 100문제 중 80여 가지 문제를 기록해서 정리해 두었다.

그러던 어느 날 어떤 선생님이 김화고교에서 찾아왔다. 혹 기록해 놓은 시험문제가 있으면 보여 달라고 했다. 그는 차기 교감 시험 대상이라 했다. 나는 반기며 이를 위해서 내가 준비한 것인가 보다고 생각하며, 기록해 둔 문제지를 선뜻 내준 일이 있었다. 그때 그 선생님을 통해서 내가 학과 톱이었다는 사실을 알게 되었고 그 선생님도 그래서 나를 찾아왔다는 것이었다. 이듬해 나는 신철원중학교에서 문막중학교 초임교감을 거쳐 강원도교육연구원 중등연구사로 전근이 되었다. 거기서 파견 받은 정선교육청 초등교감 허00

장학사와 함께 강원교육사 (P1,305)를 편찬하기도 했다. 후일에 안 일이지만 내가 연구사로 발령된 것은 교감 시험성적이 우수했기 때문이라 했다.

아무튼 시골에서 근무해도 최선을 다한 자에게는 뜻밖의 일들이 일어나는 것을 알 수 있었다. 우리 내외는 고등학교와 대학도 서울에서 나왔기에 강원도 춘천과는 지연, 학연도 없었다. 이렇듯 강원교육계의 중요한 일을 맡아 할 수 있었던 것은 전적으로 위에 계신 하나님의 은혜였음을 밝힌다.

그 와중에도 인성개발을 주제로 한 논문으로 수상도 했었다. 우린 문교부로 갈 기회도 있었지만, "강원도에서 잔뼈가 굵은 사람들은 강원도에 뼈를 묻어야 한다."고 하며 만류했기에 강원도에서 정년을 맞았다. 그리하여 춘천에서만 38년을 살았고, 이제 2월 말이면 아들이 사는 동네로 이사할 준비를 하며 이 글을 쓴다.

10 _ 패혈증을 치유하신 하나님

『강원교육사』를 편찬하고 수고했다고 교육감 상도 받고, 조사연구부에서 하는 일에 적응하게 되었다. 하지만 호사다마(好事多魔)라고 했던가. 연구원에 근무하던 중 OOO 정권으로 바뀌게 되자 인사이동이 곤두박질쳤다. 7월엔 수고했다고 남규욱 교육감상까지 받았는데 9월에 교육감이 바뀌더니 도교육청에서 장학사로 근무하던 그이는 화천실고 교감으로, 나는 화천여자중고등학교(중고교 병설) 교감으로 전근이 되었다. 남들은 교장 승진을 위해서 부가점수도 받을 수 있어 잘된 일이라고들 했다. 하지만 나는 속으로 '평안감사도 저 싫으면 그만인데….' 생각하며 인사이동에 대한 불만을 가졌다. 춘천시 내에 근무할 수 있는 기간이 8년이어서 아직 근무할 연한이 더 남았는데 전출이 되어서였다. 두 사람 중 한 사람만 이동시켜도 될 것을 둘 다 외지로 내몰았다는 생각도 들고, 아이들 때문에 걱정이 되어 속상했다.

발령 받은 후 15일간 눈을 붙일 수가 없었다. 잘 수도 먹을 수도 없었다. 아직 초등학교 3학년, 4학년 연년생인 남매를 남의 손에 맡기고 춘천을 떠났으니 도무지 잠이 오질 않았다. 원망하는 마음으로 잠을 못 자니 자연 피곤이 쌓이고 기운이 빠지기 시작했다. 그런 탓에 원기회복을 위해 전에 조산원을 했다던 하숙집 주인여자에게서 링거 한 병을 맞은 것이 화근이 되었다. 인사불성으로 의식이 몽롱해진 나는 곧바로 춘천 오내과 병원으로 옮겨졌다. 하지만 고칠 수 없는 병이니 서울 큰 병원으로 가라 했다.마침 동생이 서울대학병원에서 인턴으로 있었기에 곧바로 총알택시를 타고 가서, 신발도 벗겨진 채로 정신없이 응급실에 입원했다. 병명은 패혈증이라 했다. 황수관 박사가 67세를 일기로 소천한 그 병이다. 그때 내 나이 42세였다. 7일 동안 의식을 잃고, 숨을 1분에 60번 이상 쉬어야 하는데 난 4~5회 정도였으니 죽은 거나 다름없는 상태였다.

일주일이 지나자 병원 측에서 "이제는 치료 불가능하니 장례준비를 하라." 며 그이에게만 조용히 일러주었다고 한다. 그이는 타월이 다 젖도록 복도 한쪽 구석에서 울더라고 후일 숙모님께서 말씀해 주셨다. 그래서 시부모님 산소에 매장지를 정하기까지 했다. 그이는 마지막 가는 모습이라도 보라고 내 수첩에 기록된 전화번호로 친구들에게 알려서, 모두들 죽은 거나 진배없는 퉁퉁 부어 늘어진 추한 내 꼴을 보고 갔다. 그 후로 내가 죽었다고 강원 전역에 소문이 파다하게 났었다. 젊은 날에 심한 병을 앓았던 나를 보는 지인들 중에 늙어 심한 병에 걸린 사람도 있었다. 젊은 때는 죽는다고 희망이 없었는데 지금은 건강하니 부럽다는 소리도 듣는다. 고진감래(苦盡甘來)라는 말의 증인이 된 셈이다.

내가 중한 병이 걸렸을 때 생사기로에 놓인 딸을 간호하시던 어머니는 흰 가운을 걸친 사람만 보면 다 의사인 줄 아시고 그들을 붙잡고 죽어가는 내 딸을 고쳐 달라고 애걸복걸하셨다. 학교에서 병문안 왔던 음악교사 박OO 선생님이 나를 보고 간 후 "우리 교감선생님은 이젠 틀렸다."라고한 소문이 자자했었다. 하지만 어머니는 포기하지 않으시고 새벽기도회에 나가셔서 하나님께 눈물의 기도를 올리셨다.

다니시던 잠실 장미교회에서 기도 중이시던 목사님이 놀라운 광경을 목격했다. 강대상에서 내려다보시던 중 예배하는 장의자를 번쩍 들고 눈물의 통곡을 하시던 어머니를 보신 것이다.

'얼마나 간절하면 60이 넘으신 어머니께서 그 무거운 장의자를 들고 애절한 기도를 하셨을까?'라는 생각을 하면 지금도 도무지 믿어지지 않는다. 그 무거운 의자를 들어올리기까지 어머니의 사랑을 극진히 받은 나였다.

"너는 내게 부르짖으라. 내가 네게 응답하겠고 네가 알지 못하는 크고 은밀한 일을 네게 보이리라." (렘33:3)

어머니는 이 말씀을 믿고 부르짖는 기도를 하셨다.

병원에 다시 오신 어머님은 또 놀라운 사실을 목격하셨다. 그날 회진하던 여러 선생님들 중에서 내과과장 김종용 박사님께서 주치의를 보고 "0000약을 써봤냐?"고 물으시니 아니라고 하여, "그 0000주사를 처방해 보라."고 지시했다. 잠시 후 주치의가 와서 지시대로 주사하니 호빵처럼 띵띵 부었던 내 몸의 수분이 빠져나가기 시작한 것이다. 피멍이 든 부은 몸이 깨끗이 가라앉으며 나는 의식을 회복할 수가 있었다. 침대 네 모서리에 묶여 있던 내 사지를 풀었고 의식이 8일 만에 회복되었다. 이는 필시 내 어머니의 간절한 기도가 주효했던 것이라고 믿는다. "믿음은 바라는 것들의 실상이요 보이지 않는 것들의 증거니라.(히11:1)"라는 말씀이 성취된 줄로 안다.

하나님의 은혜로 고침 받은 나는 후일 어머니께 기도를 어떻게 하셨기에 내가 다시 살아날 수 있었냐고 물은 적이 있었다.

엄마 왈, "너 화 안 낼 거지?" 하시며 내 귀에다 대고 "세상일에 미쳐 돌아가는 내 딸을 고치셔서 하나님의 일꾼이 되게 해 달라."고 하셨다고 말씀하셨다. 내가 원체 완악하고 강퍅했던 것을 아신 어머니의 기도셨다. 교회는 그저 습관적으로 어린 시절부터 적당히 다니는 소위 '마당발교인'인 것은 사실이었다. 기도로 병이 낫는 사실을 전혀 믿지도 않았고 기도하지도 않던 나였다.그럼에도 불구하고 어머니의 애통하는 기도로 기적을 체험한 나였다. 회복된 나는 다시 정상적으로 출근했다. "~믿음의 간구는 역사하는 힘이 큼이니라.(약5:16)"는 말씀을 체험한 것이다. 의학사전에 보니 패혈증은 어른의 경우 99%의 사망률이라고 기록되어 있었다. 참으로 놀라운 기적을 먹고 사는 여자가 된 것이다.

잘못된 인사이동이라고 생각하며 남을 원망하고 잠 못 이루는 것이 얼마나 엄청난 결과를 가져왔는가? 성경에 "분을 내어도 죄를 짓지 말며 해가 지도록 분을 품지 말고 마귀에게 틈을 주지 말라.(엡4:26~27)"는 말씀이 있다. 그들을 원망하고 용서하지 못한 나였다.

"분을 그치고 노를 버리라. 불평하지 말라. 행악에 치우칠 뿐이라.(시37:8)" "급한 마음으로 노를 발하지 말라. 노는 우매자의 품에 머무름이니라.(전7:9)"는 말씀을 모르고, 남을 이해하고 용서할 줄 모르는 자가 당하는 고통이 얼마나 끔찍한 것인지를 체험한 것이다.

지금 같으면 그럴 만한 사정이 있었겠지 생각하며 상대방을 이해하고 느긋

하게 기다릴 줄 아는 여유로움이 있겠지만 그때는 그렇지 못했다. 눈앞의 억울한 현실만 생각하고 잠 못 이루며 초조했던 옹졸한 마음이 화근이었다. 이 세상에는 자신의 노력만으로는 할 수 없는 일들이 얼마나 많은지를 절실히 깨닫는 계기가 되었다.

◀ 아들 졸업식 날

▼ 딸과 함께

11 _ 장 유착으로 다시 입원하여 육사 아줌마가 되기까지

그 후 홍천교육청에 인사장학사로 발령받아 근무하게 되었다. 출퇴근이 가능한 지역이었다. 어떤 때는 도교육청이 주관하는 행사가 있었다. 영어듣기 시험을 치르고 나면 각 학교별 결과를 그날로 집계하여 도에 보고하고, 퇴근할 때는 밤 막차 버스를 타기도 했다. 죽음의 길에서 생명의 길로 들어선 내가 착실한 신앙생활을 하지는 못했다. 출퇴근을 하니 지치고 방학도 없는 곳이라 늘 피곤하여 주일 성수의 축복을 누리지 못했다. 뿐만 아니라 온전한 십일조 생활도 착실히 하지 못했다. 마지막 끝자리 수는 잘라버리고 대충 하여 온전한 십일조 생활을 하지 못했다. "네 보물이 있는 그곳에는 네 마음도 있느니라.(마6:21)"함과 마음이 있다고 했는데 진정한 감사로 실행하지 못하였다. "너희 온 나라가 나의 것을 도둑질하였으므로 너희가 저주를 받았느니라.(말3:9)"에 기록된 말씀처럼 온전한 십일조를 하지 못한 것은 하나님의 것을 도둑질한 것이다. 돈으로도 살 수 없는 생명을 다시 받았는데도 현실에 안주하며 신앙생활을 기쁘고 즐겁게 하지 못하고 의무적으로 한 것이다. 이런 나에게 하나님께서는 삶의 전환점을 만드시는 작업에 착수하신 것이라고 생각한다.

하나님이 살아계신 분인 것을 알면서도 신앙생활을 적당히 한 나에게 재훈련의 기회를 주신 것이라고 생각된다. 이듬해 몸이 다시 아프기에 서울대학병원에 갔다. 외과과장 김진복 박사가 이번에 또 수술을 해야 산다고 진단을 내렸다. 만약 그냥 돌아가면 저 흑달로 누워 있는 환자처럼 얼굴이 검은색이 되어 어렵게 된다기에 수술하기로 결심했다. 담석증 수술을 세 번째로 했다. 막힌 담도를 제거하고 담관을 12지장에 연결하는 수술을 했다. 그러나 여러 날이 지나도록 가스가 나오질 않아서 물 한 모금도 마실 수가 없었다. 숨을 쉬지만 산 것이 아니었다. 50여 일을 링거로 연명해야만 했다. 제왕절개 수술을 네 번, 담석 수술 세 번, 도합 7번째 한 수술로 인해 장 유착이 온 것이다.

의사들은 내게 와서 계속 걸으며 운동을 하라고 했다. 이 장 유착을 밀가루 훌훌 뿌려서 떼어놓는 방법이 있으면 노벨수상감이라고 조크도 했다. 환자는 말없이 왔다 가는 의사의 얼굴만 봐도 위로가 되고 안심이 되었다. 의사인 내 아들도 환자에게 최선을 다하는 의사였으면 한다. 수술하신 김진복 박사는 주일에도 쉬지 않고 내게 와서 물끄러미 들여다보고 가시곤 했다. 외과에서 장기간 입원한 환자는 드물다고 했다. 수술 후 1주일이면 꿰맨 실을 뽑고 퇴원하는 게 정상이다. 그러나 50여 일을 침대에 누워 있는 환자를 보는 의사의 마음이 어떠했을까를 생각하니 아픈 것은 고사하고 미안한 마음뿐이었다. 계속되는 고통 속에서도 미국에 계신 어머니가 놀라실까 연락 못 했다고 했다. 나는 어머니의 기도가 없기 때문이라 생각했다. 미국 작은딸네로 이민 가신 어머니께 연락하라고 졸라댔다. 딸의 아픈 소식을 들으신 어머니께서 바로 귀국하여 기도했지만 효험이 없었다. 나 자신의 기도를 하길 원하신 하나님임을 깨닫지 못했다. 사실은 나 같은 자의 기도로 병이 낫는다는 사실을 전혀 믿지 않은 나였다.

콧줄을 끼고 목엔 링거 두 줄을 달고 휠체어를 밀고 다니는 내 꼴이 얼마나 가여웠을까? 새벽마다 외과병동 5층 네 곳으로 뻗은 복도를 돌면서 걸었다. 서울대학병원 1층에서 12층까지 오르내리는 운동도 했다. 그때 내게 주어진 별명이 있었다. 사람들은 나를 '육사 아줌마'라 불렀다. 정확한 새벽시간에 콧줄을 끼고 링거병 2개를 휠체어 양쪽 끝에 매달고 앉지도 못하고 밀며 돌아다니는 꼴이 가관이었을 것이다. 그렇게 새벽산책으로 네 병동을 돌다 보면 어느새 내 뒤를 비틀거리면서 거친 숨을 몰아쉬며 따라오는 환자들이 장사진을 치고 있었다. 항문을 꺼내 배에 붙인 대장암 수술을 한 젊은 여인도 내 뒤를 따랐다. 그러기를 여러 날이 되었다.

어느 추운 겨울밤에 숙모님이 신촌 감리교회 이봉조 권사님을 모시고 와서 예배를 드렸다. 그 권사님은 내 병 소식을 듣고 삼각산에 가서 일주일 동안 기도하고 왔다고 했다. 시편 103:1~5 말씀과 475장 "주님의 뜻을 이루소서"와 216장 "성자의 귀한 몸" 찬송을 불렀다. 그날의 말씀과 찬송이 내 마음에 꽂혔다. 그녀가 부은 내 배 위에 손을 얹고 방언기도를 했다. 망치를 얹은 것 같이 무겁고 아파서 그녀의 손을 치우니 가벼웠다. 그분의 기도를 받고 나서 새벽에 가스가 조금 나왔다. 대변도 수술 후 처음으로 라면가락만 한 것이 나왔다. 사람은 먹고 자고 싸는 것을 잘 해야 되는데 그 세 가지가 다 고장 났으니 얼마나 안타까운 노릇이었는가!

그 후부터는 아버지께서 권하시며 읽으라고 접어놓으신 성경(왕하20:1~7) 히스기야 왕의 눈물의 기도 내용을 읽었다. 히스기야 왕에게 생명의 수한 15년을 연장해 주신 것처럼 나도 15년만 생명을 연장해 달라고 기도했다. 그때 내 나이 45세이니 60세 환갑이 되면 아이들이 장성하여 결혼하는 것까지 볼 수 있게 해달라고 매달렸다. 그리하면 어미의 의무를 다하는 것이라고 생각해서였다. 이런 염치없는 기도를 날마다 간절히 하였다. 가스가 조금 나오자 병원에서는 바로 퇴원을 시켰다. 골치 아픈 장기 환자를 내보낸 것이다. 이렇게 50여 일간 물 한 모금도 못 먹고 링거로 연명한 나였다. 무지하고 완악한 나를 포기하지 않으시고 회개하고 돌아오기까지 기다리시는 사랑의 하나님을 알게 하셨다.

퇴원한 나는 임시로 태릉 숙모님 댁에서 머물렀다. 그날 새벽녘에 꿈속에서 소리를 질렀다. 손끝으로 "처녀귀신 나간다." 고함을 친 것이 지금도 생생하게 기억된다. 기도로 병이 낫는다는 것도 믿지 않았었고, 귀신의 존재는 더더욱 인정하지 않았던 나였다. 하지만 생생한 체험을 하고 난 후로는 모든 걸 인정하게 되었다. 감성보다 이지적이고 논리적인 나를 깨뜨리시는 은혜를 입은 것이다. 기도는 숨 쉬듯이 무시로 해야 되고 말씀으로 무장하고 믿음의 기도를 하면 역사하시는 하나님을 바로 알면서 감사했었다.

12 _ H 기도원 생활

그런 일을 겪은 나는 기도원에서 회한의 눈물을 흘리며 회개했다. 많은 환자들 속에서 부딪치며 말씀을 읽고 믿음의 뿌리를 내리기 시작했다. 숱한 날을 교회마당만 밟고 다니던 마당교인이던 내가 말씀이 믿어지면서 기도하기 시작했다. 지난날의 내 하나님은 서울대학병원의 의사였지만 이젠 완전히 바뀐 것이다. 기도하면 내게 합당한 사람을 만나게 하시는 분이 성령 하나님이시다. 감성보다 이지적이고 논리적인 나를 깨뜨리시는 은혜를 입었다. 모든 것을 인정하며 감사하는 마음으로 바꾸시는 작업을 하시는 하나님을 만난 것이다. 하나님이 전지전능하시고 무소부재하신 분임을 믿으며 인간의 한계를 깨달았다.

친정아버지는 나의 보호자로 계시며 도배하는 일을 맡아서 봉사하셨다. 늙으신 아버지께서 나 때문에 궂은일 하시는 것을 생각하면 미안하고 죄송했다. 아버지는 미국에서 목회하는 작은사위와 함께 병원에 다니시며 무릎관절 치료를 받았었으나 완치하지 못하고 귀국하셨다. 그런 아버지께서 기도원에서 안수기도를 받고 통증이 사라져서 마음대로 걸으며 봉사하셨다.

≫ 폐암으로 귀국한 성도와 함께 방언기도 사모

나는 방언이 무엇인지, 단어 자체도 몰랐다. 그런데 미시간대학 사회학과 재학생이 귀국하여 내가 거처하는 곳으로 왔다. 그는 병원을 경영하는 내 동생과 막역지우(莫逆之友)라 했다. 그는 폐암환자로 미시간대 병원에서도 고칠 수 없어 귀국했다. 내가 있는 평창동에 소재한 H 기도원으로 오게 되었다. 나와 같은 방에 함께 거처하며 그곳의 시간표에 따라 움직였다. 그는 폐암말기 환자로 하나님께 강렬하게 기도하며 매달렸다. 그는 방언 받기를 사모하며 일어서서 기도했다. 나는 내성적이기도 하지만 선뜻 일어설 용기도 없었다. 결국 그는 방언을 받고 방언기도를 열심히 했다. 30대의 젊은이로서 할 일도 많은 이 나라의 큰 일꾼이 될 터인데 병마와 싸우며 고통스러워하는 모습이 안쓰러웠다. 80년도만 해도 병을 고치려면 미국의 의술이 더 우수하다고 도미하기가 일쑤였던 때였다. 그는 첨단의술로도 고칠 수 없는 것을 알고 기도원까지 오게 된 것이다. 그는 외아들로 태어나 부모님의 기대도 많았던 청년이었다. 부모가 일곱 살 때 너무 귀한 아들이라 칠성님께 팔았다며 미신을 믿었었다. 그 외아들이 병원에서도 고칠 수 없는 병이 들자 기도원까지 왔다. 우리 동생과 같이 서울대학교 기숙사인 정영사에서 함께 지내며 친했던 사이였다. 그는 졸업하고 미시간대학원에서 사회학을 전공하던 장래가 촉망되는 청년이었다. 하지만 병마 앞에서는 어쩔 수 없이 나약한 존재일 수밖에 없었다.

사실 나는 기도원은 가난하고 못 배우고 무식한 사람들이나 가는 곳으로 알았다. 하지만 병원에서 못 고치는 중환자들이 막다른 골목에 다다른 심정으로 모이는 곳이기도 하다. 밑져야 본전이라며 와보는 곳이기도 하다. 임신만삭이 된 것같이 복수가 찬 남자들, 근육무력증, 각종 암환자들이 마지막으로 모여드는 곳이다. 저주받은 사람들이나 오는 곳이라고 스스로 자책했다. 그런 나에게 저주가 아니라 축복이라고 응수해 준 권사님이 있었다.

그러던 어느 날 하루에 6번씩 계속되는 예배시간마다 오는 강사들 중에 목사는 물론이거니와 전도사, 장로, 권사들이 봉사하고 가는 것을 보고 하나님이 살아계심을 깨닫게 됐다. 아니면 그들이 이 밤중에 이 높고 험한 길을 오르내리며 봉사할 수 있겠는가 하는 생각을 했다.

롬8:18에 "생각건대 현재의 고난은 장차 우리에게 나타날 영광과 비교할 수 없도다."는 말씀을 읽었다. 이를 통해 저주받은 삶이라는 생각이 축복을 받기 위한 훈련과정이라는 것을 믿으니 마음에 평안이 왔다. 사실 병원에 있을 때 친척들이 다니는 교회 목사, 전도사들이 번갈아가며 얼마나 많이 예배하며 기도했는지 모른다. 그럴 때마다 귀찮고 귀에 들어오지 않고 빨리 가기를 바랐던 나다. 그런 내가 깊은 밤에 기도원까지 달려와서 봉사하는 모습과 말씀에 감동이 왔다.

우린 저녁식사가 끝나면 바로 1인 기도실에 가서 날마다 기도하였다. 그러던 어느 날 철야기도 후 잠자리에 들던 순간이었다. 까맣고 기다란 한복을 입은 여인 둘이 들어와서 한 명은 옆 친구에게로 가고, 나머지 한 명은 내 쪽으로 와서 내 목을 두 손으로 잡고 조이기 시작했다. 나는 숨이 막혀 "에 예예~" 라고 겨우 부르짖었다. 난생 처음으로 '수' 자도 못 하고 겨우 '예' 자만 불렀는데도 조인 목이 스르르 풀리며 귀신이 떠난 것을 알았다. 졸지에 겁먹은 나는 그제야 일어나서 처음으로 방문을 열고 배운 대로 "나사렛 예수 이름으로 명하노니 더러운 귀신아 물러가라."고 명령했다. 이미 귀신은 사라지고 때가 늦은 상황이었지만….

그런 일이 있고 며칠 후 나의 통증은 씻은 듯 사라지고 모든 것이 정상으로 돌아왔다. 드디어 퇴원하게 되었다. 나오던 날 시월의 태양이 눈부시게 나뭇잎에 반짝거리는 모습이 예쁘다는 것을 처음 느꼈다. 그 언덕을 내려오다가 조약돌이 발부리에 부딪혀 아픔을 느낄 때도 내 입가에는 미소가 스쳤다. 이렇게 아픔을 느낄 수 있다는 것은 내가 아직 살아 있음을 실감했기 때문이다. 택시 타러 언덕을 내려가는 동안 찬송 288장을 속으로 수없이 불렀다. "예수를 나의 구주 삼고 사랑과 피로써 거듭나니 내 영혼이 하늘의 영광 누리로다. 이것이 나의 간증이요 이것이 나의 찬송일세. 나 사는 동안 끊임없이 구주를 찬송하리로다."라고 말이다. 찬양으로 나를 인도하시는 하나님을 만났다.

드디어 오랜만에 집에 들어서자 눈물이 핑 돌며 가슴이 벅차올랐다. 가족의 소중함을 새삼스레 실감했다. 내 빈자리를 대신하여 아이들을 돌봐주시는 친정어머니와 가정부 옥순이가 반겼다. 당시 초등학교 3~4학년이던 애들은 "울 엄마 병 나을 수 있게 도와 달라."며 하나님께 날마다 기도했다고 했다. 그 아이들이 커서 지금은 사회의 중진으로 제 몫을 잘 감당하고 있으니 하나님의 은혜였다. 나는 허울만의 엄마였지 그 애들을 잘 돌보질 못했었다. 따스한 도시락 한번 제대로 싸주지 못한 못난 어미였다. 하나님의 일만 제대로 하면 아이들 문제도 다 해결되는 역사도 이루시는 하나님이시다. 하나님은 기도한 대로 그들을 이화여대, 연세대 등의 기독교 학교에 진학할 수 있게 돌봐주셨다. 하나님의 하해 같으신 사랑에 감사했다.

13 _ 욕창 치료

서울대병원에서 50여 일간 잘 움직이지 못하여 생긴 욕창이 대단했다. 오른쪽과 왼쪽 엉덩이에 세계지도처럼 누런 고름이 껴 있었고, 엉덩이 꼬리뼈엔 우물처럼 깊이 파인 곳에 고름이 엉켜 있었다. 서울대학병원에서 처방한 약을 수개월간 발랐는데도 점점 더 깊이 파이며 나을 줄 몰랐다. 그이가 열심히 소독해 주고 처방받은 연고를 발랐어도 수개월 동안 낫질 않아 포기했다. 그러나 그이 몰래 가정부인 옥순이가 열심히 소독하고 연고를 정성껏 발랐어도 도무지 낫질 않았다.

그러던 어느 토요일 기도원에 갔다가, 아토피가 심한 처녀아이의 온몸에서 생선비늘 같은 것이 벗겨지는 것을 보았다. 아마 한 되는 될 것같이 많이 떨어졌다. 그걸 보고 나서도 나는 용기를 내어 엉덩이 왼쪽 환부를 내밀었다.

원장님이 손으로 슬슬 만지고 연고 같은 약을 바르고 거즈를 붙여주었다. 다음 올 때까지 일체 만지지 말라고 주의를 주었다. 일주일 동안 가렵고 군실거려도 겨우 참고 다시 기도원으로 갔다. 홍천교육청에 근무할 때여서 토요일 퇴근 후에 다녔다. 그런데 아! 이게 웬일인가? 거즈를 떼니 새살이 발그레하게 솟아나오고 고름은 사라졌다. 낫지 않아 걱정하던 나는 나머지 다른 한쪽도 치료받고 깨끗이 낫는 경험을 했다. 지금은 흔적도 없다.

창동에서 경춘선 기차를 타고 오면서 도마가 생각났다. 그가 예수님의 부활을 믿지 못하고 의심했다가 주님 앞에 무릎을 꿇고 고백한 일이다. "부활의 주님이 두 번째 오셔서 도마에게 네 손가락을 이리 내밀어 내 손을 보고 네 손을 내밀어 내 옆구리에 넣어보라. 그리하여 믿음 없는 자가 되지 말고 믿는 자가 되라." 하심에 도마가 대답하여 이르되 "나의 주님이시요 나의 하나님이시이다." 예수께서 이르시되 "너는 나를 본 고로 믿느냐. 보지 못하고 믿는 자들은 복 되도다 하시니라.(요20:26~29)"는 말씀대로 보고라도 믿게 하시는 성령 하나님의 역사를 체험케 되었다. 자상하신 하나님의 사랑을 새삼 느끼고 하나님께 감사하였다.

하지만 내게는 아직도 떠나지 않는 가시가 있다. 고단하거나 계절이 바뀔 때 몸이 차가워지면 S장이 막혀 며칠씩 고생을 했다. 주리를 트는 산통처럼 장 유착이 재발하여 고통 중에 헤맨다. 그럴 때마다 꿇어앉아 기도하며 몸을 따뜻하게 하고 쉬면 정상으로 회복되었다. 사실 난 7번이나 수술한 덕택으로 종합병원이 된 것이다.

하지만 내가 죽음을 두려워하지 않는 것은 주님이 나의 동반자이기 때문이다. 임마누엘의 하나님을 나는 사랑한다. 언제 어디를 가나 변함없는 주님의 사랑을 알고 믿기에 담대한 삶을 영위하고 있다.

14 _ 사표 제출

여름방학도 지나고 2학기가 시작되기 전에 사표를 내야만 되었다. 나의 진로는 180도로 바뀌었다. 기도원에서는 병원진단서를 뗄 수가 없기에 사표를 낼 수밖에 없었다. 피골이 상접한 나는 사표 쓸 힘도 없었다. 내 대신 남편이 사표를 써서 제출했다. 2개월 후에야 사표 수리가 되었다. 사표가 수리된 날짜는 1983년 9월 11일이었다. 바로 교직생활로 정식 발령받은 날과 같은 날짜였다. 만 22년으로 교직생활을 마감한 것이다. 이제 나의 진로는 뜻밖의 길로 전환되었다.

교직계를 떠나면서 나는 퇴직금을 일시불로 하지 않고 연금으로 처리해 달라고 부탁했다. 그 이유는 만약 내가 하나님의 은혜로 다시 살아나면 그것을 내 용돈으로 쓸 생각이었다. 아니면 지금까지 남편 경제에 도움을 주며 살았으니, 죽으면 나라에 바치는 좋은 일 하는 거라고 생각해서였다. 그 후 신학대학원을 졸업하고 목사 안수를 받고 목회자의 길로 들어서게 되었다. 기도원을 거쳐 교회 개척 후 32년 동안 목회자 일을 했다. 하나님께서 내게 신유은사(神癒恩賜)를 주셔서 환우의 손을 잡고 기도하면 질병이 떠나가는 은사를 주셨다. 원래 내성적이고 수줍어하는 나는 조용히 손만 얹고 기도해도 병마가 떠났다.

◀ 신대원 졸업

▼ 목사안수식

H 기도원에서 하나님을 섬기는 은혜의 시간을 가지며 구원의 확신으로 봉사했다. 원창고개에 강원기도원을 짓는 일이 내게 맡겨졌다. 죽음에서 살아난 것은 이 일을 하기 위한 하나님의 뜻이라고 감사하며 수행했다. 45세의 나이에 교직에만 있어 외골수로 살았던 나는 사회의 물정을 잘 몰랐다. 하지만 다시 살아난 기쁨과 감격으로 모든 일을 감당할 수 있었다. 우리 내외는 부지 매입을 위해 춘천 근교를 두루 헤매다가 원창고개 밑에 있는 땅을 보고 차를 멈췄다. 그 땅에 발이 닿는 순간 "주여, 나의 생명 나의 정성 드립니다." 316장 찬양이 떠올랐다. 그때는 복음성가였다. 지금도 찬양으로 인도하시는 하나님의 은혜를 누리는 삶을 살고 있으니 편리할 때가 많다.

▲ 기도원 개원예배 기념촬영

S고교 소유지인 잠사(蠶事)하던 곳임을 알아내어 4만여 평을 매입했다. 매입할 때도 석사교회 이학규 장로님과 마주하고 학교 골목길에서 기도한 대로 가격이 정해지고 시간 모두를 주관하시는 하나님의 은혜였다. 거기에 1,400여 평의 성전과 주유소와 노인요양원을 지을 수 있게 허가를 득했다. 시와 군, 도청과 문공부까지 허가받는 과정들을 일사불란하게 해결할 수 있게 하나님이 주관하셨다. 난 그냥 심부름만 하면 되었다. 이 모든 과정은 하나님께서 개입하셔서 필요한 사람을 그때마다 들여 쓰셨다.

설계도는 노아의 방주와 흡사하게 한국에서 10위 안에 꼽힌다는 설계사 임OO 장로님을 찾아가 계약을 했다. 부지 매입과정, 용지변경, 허가과정, 일체 건축과정, 필요한 일꾼들, 전문 기술자들을 보내주셔서 완공하기까지 그분이 주관하셨다. 감리는 기도원에서 안면마비를 고친 제일감리교회 허OO 장로가 맡아 성실히 해냈다. 모든 공정과 기술자들을 세계 도처에서 병자들을 불러 들여 고쳐 쓰셨다. 심한 환자들이 와서 봉사하는 기간 동안 깨끗이 낫는 놀라운 체험들을 했다. 공사 시작할 때마다 242장 황무지가 장미꽃같이 피는 것을 볼 때에 찬송을 부르고 기도로 시작했다. 후일에 수원 흰돌산 기도원에 가 보니 거기에도 임OO 장로님이 설계한 노아의 방주와 유사한 모형의 건물이 있었다.

15 _ 사회봉사 활동으로 소비자 운동

　나는 퇴직 후 사회봉사 활동으로 YWCA 활동과 소비자 운동을 했다. 한국소비자연맹 정광모 회장이 강원도 지부장으로 활동할 기회를 주었다. 모니터 활동과 함께 유수 업체의 공장을 견학하며 한국 기업의 성장, 발전하는 과정을 보고 배우며 많은 것을 깨우쳤다. 가정주부들이 모니터 활동을 하며 품질 개선이나 불량식품 개선과 함량미달의 제품들을 개선하는 일에 기여했다. 사계의 권위자들을 강사로 초빙하여 교양강좌도 실시했다. 시장조사 활동을 통해 부정식품과 상품을 발견하여 고발 조치하고 보도함으로써 소비자들에게 유익한 일을 했다. 특히 금을 사고파는 일에 소비자들이 불이익을 당하는 일을 개선하는 데 주력했다. 행복하려고 샀던 금을 팔 때는 터무니없이 싸게 파는 아픔을 해결하는 금 함량 미달을 방지하는 운동을 벌였다. 해마다 전시회를 개최하여 소비자들을 계몽하는 일에 진력했다. 한국소비자연맹의 일을 하다가 고발당했으나 3년 만에 승소하여 태극마크 제도가 생기는 일에 기여했었다. 음식점의 불량한 점을 개선하거나 저울 눈 속이는 정육점 개선하기 등 소비자들의 유익을 위한 일에 진력하는 기회도 가졌었다.

▲ 정광모 회장님과 소비자 운동

▲ 모니터 활동 전시회 개최

중고교 학생들에게는 영상을 보여주며 금연운동을 적극적으로 추진했다. 소비자 운동으로 도 부녀 국장과 동행하여 각 시군 부녀들을 계몽하는 일에 기여하기도 했다. 양구군청이나 속초시청은 소비자들의 관심도 매우 높았다. 또한 TV소비자 코너에서 아침뉴스 시간에 직접 보도하기도 했다. 바르게살기도의원의 부회장으로 활동하다가 84년부터는 새마을어머니연합회장 활동도 했다. 전국 무궁화어머니회 2대 회장을 역임하는 중에 해외시찰단의 단장으로 일본, 대만 등지를 보름 동안 순방하였다.

▲ 바르게살기운동

▲ 새마을어머니협의회 활동

16 _ 모우회원들과의 나눔

새 봄을 맞이하여 그동안 고대했던 아들의 입학식 날이 되었다. 초등학교 입학식엔 참석하지 못했던 나였다. 그러나 이번엔 두근거리는 심정으로 아들이 다닐 중학교 입학식에 가게 되었다. 이젠 직장생활에서 자유롭게 되었기 때문이다. 병상에서 자유하게 된 나는 학부형의 입장이 되어 참석하게 되니 감회가 새로웠다. 학교 선생님들 중에는 지난날 함께 근무하던 지인들도 있어 반가웠다. 아들의 어머니가 되어 학부형의 자격으로 참석했다. 그리고 소양중학교 어머니 회원이 되었다. 어머니가 아니면 회원이 될 수 없었다. 자식이 있어야 자격이 되는 것이다. 그래서 이 모임을 나는 사랑한다. 자녀만 있으면 된다. 어머니 활동을 하게 되었다. 1984년에 춘천시 교육청의 주관으로 새마을어머니회가 조직되었다. 전날 친분이 있었던 교감선생님으로부터 사회만 봐달라는 부탁을 받고 사양할 수 없어 나가서 도와주다가 뜻밖에 어머니회장이 되었다. 게다가 춘천시 어머니 연합회장 일을 하게 되었다. 나는 4년간 연합회장으로 활동했다.

이 모임은 자랑스러운 모임이다. 저마다 말없이 소리 없이 묵묵히 사회의 한 모퉁이에서 소신껏 자리를 지켜오는 엄마들의 모임이었다. 성경에 "태의 열매는 하나님이 주신 선물(시127;3)"이라 기록되어 있다. 선물로 받은 아들의 학교에서 중책까지 맡게 된 것이다. 무자(無子)할 뻔한 내가 이 모임의 회원이 되고 춘천시연합회 회장으로 추대되었다는 것은 뜻밖의 일이었다. 지극히 평범한 내가 중책을 맡으니 마음이 무거웠다. 하지만 각급 학교 회장님들이 잘 협조하여 주었기에 별 무리 없이 임기 동안 잘 감당할 수 있었다. 이 모임은 지금도 계속되고 있다. 각급 학교 어머니회장 경력을 가진 분들의 모임으로·이 모임에서만은 아직도 회장직을 맡고 있다. "고운 것도 거짓되고 아름다운 것도 헛되나 오직 여호와를 경외하는 여자는 칭찬을 받을 것이라.(잠 31:30)" 하신 말씀처럼 어머니회원들은 칭찬을 받는 어머니들이라 하겠다.

모우회가 처음에는 장학생을 선발하여 가난하면서도 공부 열심히 하는 학생에게 장학금을 수여했다. 선발은 학교 당국에 의뢰하였다, 그러나 그를 후

원만 하는 것이지 만나거나 부담 주는 일은 하지 않기로 했다. 춘천고등학교 학생을 비롯해서 춘천기계공고에도 의뢰하여 졸업하기까지 장학금을 몇 년 동안 수여했다. 개중에는 강원대학교 관광학과에 수석합격이 되어 대학교 학비 면제는 물론 해외유학까지 보장받고 취업도 보장받은 학생도 있었다. 춘천시내와 춘성군청 36개 학교 새마을어머니들이 체육관에서 춘천시교육청의 후원을 받아 새마을어머니 체육대회도 개최했었다. 각급 학교 어머니회장들을 중심으로 학교 발전과 아이들의 건전한 교육을 위해 봄날 호반체육관에서 성황리에 진행되었다. 하얀 제복의 유니폼을 입은 회원들의 단합된 모습을 보니 지난날 학생시절로 되돌아간 듯 활기차 보였다. 엄마들의 열정을 마음껏 발산하는 기회가 되었음을 짐작할 수 있었다.

86년 봄에는 대만과 일본의 여러 기관과 초·중·고교를 시찰했었다. 전국 시군 어머니 연합회장들 40명이 함께하였다. 새마을본부에서 단장으로 선출된 나는 방문하는 곳마다 환영사에 이은 답사를 미리 써서 통역사에게 넘겨야 했다. 버스를 타면 다음 목적지에서 해야 할 내용을 미리 기록했다. 대만의 문부성을 방문하였고, 초·중·고교를 방문하던 중 어머니들이 학교봉사 하는 모습도 보았다. 특히 학교운동장이 진흙 대신 푸른 잔디로 조성된 것을 보고 놀라웠다. 고궁이나 박물관을 관람하면서 그들의 섬세하고도 치밀한 예술성을 체감할 수 있었다.

　일본에서도 유치원 시설과 긴키대학, 중외일보, 그 외 발전된 시설 등을 견학하면서 한국의 발전상과 비교할 기회를 가졌다. 우리도 그들보다 발전 가능성 있는 민족이라는 자부심도 가졌다. 일본의 36년간 압제하에 있었던 관계로 30년의 격차로 늦게 발전했지만 우리도 곧 그들을 따라잡을 것이라는 자부심을 가지고 돌아왔다. 교육만이 앞서는 길임을 새삼 느꼈다. 자원이 별로 없는 나라는 두뇌 수출만이 살길임을 확인하는 기회도 되었다. 유치원이나 어린이집의 시설이 그들의 눈높이에 맞는 환경으로 조성된 것을 보고 속으로 감탄했다. 긴키대학교 총장님의 만찬 초대석상에서는 환영사에 이어 내가 답사를 했다. 백여 명이 모인 중에 소개되는 각 단체의 일본 여성지도자들이 대부분 80이 넘어 보이는 은발의 여인들이었던 것이 놀라웠다. 젊은 엄마들은 직장인이나 전업주부로서 자녀교육에 진력한다고 했다.

　더구나 재일거류민단을 방문했을 때의 감격은 지금도 잊을 수 없다. 그 당시 우리나라 88올림픽을 위해 장바구니에 300엔씩 모아 저금하고 있다고 했다. 그 돈으로 운동장에 이동식 화장실 100개를 준비한다고 했다. 그들은 일본에 살면서도 일본제품을 쓰지 않는다고 했다. 스웨터 등의 의류는 동대문 평화시장에서 한국의 것을 구입해 입는다고 했다. 나는 그 말을 들으면서 그들의 애국심에 감동했다. 우리는 그곳을 떠날 때 한국을 그리워하며 사랑하는 그들의 애국심에 감동하여 서로 안고 울었다. 꼭 31년 전의 일이다. 그 후부터는 일본 제품은 되도록 안 사고 안 쓰도록 노력했다. 가끔 일본을 여행하는 기회가 주어져도 가급적이면 일본 제품은 구매하지 않았다. 일본의 거리는 굴러다니는 휴지 한 장 볼 수 없이 깨끗하였고 그들의 상냥한 미소와 친절은 배울 만했다. 하지만 가이드는 그들은 두 마음을 가진 국민성이니 조심하는 게 좋을 거라고 일침을 가했다.

그때 조직한 각급 학교 어머니회장들이 회원이 된 모임은 현재까지 존속되고 있다. 우리 회원들은 봄이면 하루 야외에 나가 산나물도 뜯으며 자연과 친화활동을 하기도 했다. 일부 회원들과 때로는 전망 좋은 커피숍에 들러 커피

나 주스를 마시며 아름다운 꽃동산을 바라보기도 했다. 모처럼 망중한을 즐기는 시간을 가지기도 했었다. 모우회원들은 33년 동안 서로 애환을 나누며 명맥을 이어온 좋은 이웃들이다. 우리의 자녀들은 벌써 사회의 중진들이 되어 눈부시게 활약하는 이 나라의 동력이 되고 있다. 얼마나 마음 든든한 일인가! 이 모두가 이 땅의 젊은이들이 건전하

고 건강한 가정에서 자랄 수 있게 버팀목이 된 어머니들의 노고라고 생각한다. 벌써 반백이 되어가는 회원들이 건강의 부자가 되어 행복한 삶을 영위하길 바라는 마음 간절하다.

17 _ 뇌출혈로 인한 뇌졸중을 치료하신 하나님

새마을어머니 연합회장을 맡은 때였다. 소양중학교 어머니회장의 요청이 있었다. 그녀의 어머니가 원주후생병원에 입원 중이니 내일 수술 전에 가서 기도만 해 주면 좋겠다는 부탁을 받았다. 다음날 아침 우리 부부는 서둘러 의대에 들어간 아들과 함께 달려갔다. 병실은 환자들의 침대가 빽빽하게 들어선 다인실이었다. 겨우 한 줄로 걸어갈 정도로 좁은 병실이었다. 전직 고등학교 교장선생님으로 퇴직하셨다는 그 부친께서 유학을 숭상하신다고 했다. 그날도 환자인 어머니는 잠들어 있었고 부친은 무슨 책을 읽고 있었다. 좁은 통로를 겨우 비집고 들어가서 고이 잠든 어머니의 머리에 손을 얹고 기도하고 급히 나왔다. 왜냐하면 거기는 협소하고 다들 잠든 것 같아서 수면에 지장이 될 것 같아서였다. 그 어머님의 연세는 80세라 했다. 처녀 때까지는 기독교인이었으나 결혼하면서 유가집안에서 사느라고 기독교를 떠난 냉담자였다. 그런데 80세의 나이에 수술을 하게 되니 두렵고 난감한 입장이어서 믿음이 좋은 그 딸이 요청한 것 같았다.

다음날 그 아들 부안초등학교 김OO 교장선생님으로부터 전화가 왔다.
"고맙습니다, 회장님! 어머니가 수술하지 않고 퇴원했습니다." 하는 것이다.

아침에 주치의가 수술하려고 엑스레이를 찍은 결과 머리에 고였던 피가 씻은 듯이 사라지고 깨끗해져서 수술할 필요가 없어 바로 퇴원했다는 것이다. 60년간 하나님을 떠나 유가집안에서 신앙생활을 하지 못했던 그 어머니가 믿음을 회복하는 기회가 되었다. 그녀는 기적을 체험하고 믿음생활을 회복하였고, 그 부친도 영세 받고 구원의 반열에 섰다. 하나님은 한번 택한 자는 절대로 포기하지 않으시고 끝까지 구원의 은택을 주시는 사랑이 풍성하신 분이심을 확신했다.

18 _ 장전교회 개척

1995년에 장전교회를 개척하고 새벽예배를 드리던 중에 첫 성도가 왔다. 수심이 깊어 보이는 그녀는 날마다 착실히 새벽기도회에 참석했다. 그러던 어느 날 수술하러 가기 전에 기도해 달라고 부탁했다. 차병원에서 수술을 받기 전에 목사님의 기도를 받고 가고 싶다고 했다. 그 성도가 경제적으로도 어려운 형편인데 수술까지 하게 되었으니 얼마나 딱한 처지인가! 남편은 가출한 상황이었고 본인은 병들었는데 중3인 막내아들을 생각하면 얼마나 삶을 지탱하기 힘들었을까? 너무나 딱하고 불쌍한 생각이 들어 그를 안고 기도하는데 눈물이 펑펑 쏟아졌다.

다음날 수술하러 간다던 심 집사가 새벽예배에 다시 나왔기에 깜짝 놀랐다. 어떻게 된 일이냐고 반문했다. 기도 받고 바로 돌아갔는데 핏덩어리가 쏟아

지며 하혈했기 때문에 병원에 가지 않고도 완쾌되었다고 했다. 참으로 힘든 질병이었다. 그러나 상상도 못한 일을 체험하여 고마워서 교회에 다시 나왔다고 했다. 그 후부터 온 가족이 다시 세례를 받고 믿음생활을 새롭게 시작했다. 기존 교회에서는 말씀을 모르고 신앙생활을 했다면서 성경을 열심히 읽으며 말씀이 꿀보다 달다고 했다. 그러던 중에 집을 나갔던 남편이 돌아오고 자녀들도 가난을 극복하며 건전하게 성장해서 딸은 결혼하여 성가대 지휘자로 활약하고 있다. 하나님의 뜨거운 사랑을 체험한 여인의 기도가 얼마나 소중한 것인가를 보여주었다. 그는 열심히 전도했고 말씀의 뿌리를 내려 신실하게 주방봉사를 성실히 했었다. 그는 많은 영혼을 주님 앞으로 인도하고 미국으로 떠났다.

"여호와를 의뢰하고 선을 행하라. 그 땅에 머무는 동안 그의 성실을 먹거리로 삼을지어다.(시37:3)"는 말씀대로 역사하시는 하나님을 만난 자는 복을 누리는 행복한 사람이다.

당시 고등학교 1학년생으로 입학했던 아들은 고교 졸업 후 제주 한라대학을 졸업했다. 지금은 미국에서 공인회계사 자격증을 취득하여 진로를 개척하고 있다. 지난날 미주여행 중에 그녀가 경영하는 양장점에 들렀었다. 제부인 김성문 목사와 함께 이전 예배도 드렸다. 날로 사업이 번창하여 삶을 영위하는 모습에 감동했다. 그 아들은 영어통역을 잘해서 엄마에게 많은 도우미 역할을 하고 있었다.

》장전교회 행사 상황

그이 생신날에 하나님의 가족들이 한 자리에 모였다. 특히 우리 귀염둥이 남매인 원우, 예원이가 바이올린으로 장로님 생신축하 연주를 하여 즐거운 만찬이 되었다. 더없이 기쁜 마음으로 생신상을 받아 즐거운 만찬을 갖게 하신 하나님께 감사를 드렸다. 늘 받기만 하는 우리는 하나님이 예정하신 삶을 살 수 있기를 바라는 마음 간절하다. 이들을 지극히 사랑하시는 하나님께서 예비하신 복을 받아 누리는 자녀가 되기를 늘 간구했다.

김 집사 집을 방문했을 때 거실을 도서관 겸 공부방으로 꾸민 곳에 원우, 예원이의 상장이 일목요연하게 잘 정리됨을 보면서 맹모삼천지교(孟母三遷之敎)

가 떠올랐다. 책상 위에 게시된 KBS의 전국적인 경영대회 〈누가누가 잘 하나〉 전국 어린이 노래자랑에서 으뜸상을 받은 상장도 진열되었다. 상품은 성인용 바이올린이라 했다. 하나님이 주신 재능을 개발하여 창조적인 삶을 살 수 있도록 인도하신 하나님을 만날 수 있었다. 우리 장전교회 성도들의 자녀가 경희대학교의과대학을 졸업하고 의사로 봉직하고 있다. 또한 연세대 전자공학과로 진학하여 주어진 형편과 상황에 맞는 진로를 열어주신 하나님께 감사를 드렸다.

2012년 4월 19일에 삼마라파 기도원에서 개최된 강원노회 부흥성회에 장전교회 중창단이 특송으로 하나님께 영광 돌렸다. 최원우 학생이 바이올린 연주를 하 최예원 학생이 피아노를 연주했다. 중창단의 노래는 더욱 아름다웠다. 하나님을 경외하며 하나님이 주신 재능을 마음껏 발휘하여 창조적인 삶을 살아가는 중창단 모두에게 하나님의 가호와 형통의 복이 넘치기를 바라는 마음 간절하다.

장전교회 각종 행사

19 _ 기적의 여인 김보순 권사

》 눈물에 약하신 하나님

  몹시 추운 2009년 3월 어느 날 새벽에 토우목욕탕 욕실에서 피골이 상접한 한 여인을 만났다. 너무나 야위고 뼈만 남은 여인이 가여워서 등을 밀어주고 싶었다. 때를 밀어주면서 왜 이렇게 바싹 말랐느냐고 물었다. 자궁암이 20년 만에 재발했다고 하면서 죽기만을 기다리는 형편이라 했다. 병원에서 수술할 수 없다는 의사의 말에 좌절과 낙망 가운데 하나님이 데려갈 날만 기다리던 춘천교회 성도라고 했다. 배에는 어린아이 머리만 한 암 덩어리를 안고 있었다. 자신은 자궁암이어서 아산병원에 갔으나 수술할 수 없으니 조용히 지내라고 했다고 한다. 물 반 컵도 마실 수 없고, 무엇이든 먹으면 토해낼 정도로 소화도 되지 않았단다. 결국 아무것도 목으로 넘길 수 없어 물 반 컵을 마시고 죽기 전에 목욕이나 하러 왔다고 했다. 그 교회 교인들도 그녀가 오늘 낼 죽을 날만 기다리고 있다고 했다. 여러 날을 곡기를 먹지 못했다기에 불쌍한 생각이 들어 손을 얹고 기도를 해주었다. 그런데 기도 받은 여인이 대성통곡을 하기 시작했다. 나는 내 교회의 이름과 목사라는 신분을 밝히고 주위의 시선을 피해 얼른 그 자리를 떠났다.

  그 일이 있은 지 몇 달이 지난 5월쯤 되었을 때 두 여인이 예배 중에 찾아와서 주보만 가지고 갔다고 했다. 그러다가 어느 복날 깨끗이 병이 나았다고 삼계탕을 끓여가지고 우리 집엘 물어물어 찾아왔다. 지난날 봤을 때는 뼈만 앙상한 몸에 미라처럼 살가죽만 입혀져 있었다. 그런데 이렇게 예쁜 모습으로 찾아온 것이다. 아랫배에 어린아이 머리통만 한 암 덩어리가 사라지고 계란만한 말랑한 덩어리가 있다면서 또 기도를 요청해 왔다. 암 덩이가 남아서 다시 안수기도를 했는데 이렇게 건강한 모습으로 12월 20일에 또 찾아왔다. 갑상선 때문에 고생하는 외손녀와 그 손녀 사윗감과 함께 찾아왔기에 하나님께 감사기도 하고 기념사진도 찍었다. 81세라 했다. 예쁘게 살찐 모습으로 아름답게 빚어주신 기적의 하나님을 어찌 찬양하지 않을 수 있었으리오.

권사님을 뵈니 무척 감회가 깊었다. 누가 이 여인을 암환자였다고 하겠는가? 60대와 같았다. 참으로 불가사의한 하나님의 전능하심을 그 누구라서 믿지 않겠는가 말이다. "성령이 너희에게 임하시면 권능을 받고 예루살렘과 사마리아와 땅 끝까지 이르러 증인이 되리라."는 말씀을 기억하며 우리 권사님을 증인으로 세워주신 하나님께 감사와 찬송과 영광을 돌린다. 그 권사님은 중환자들을 찾아다니며 병원 심방하는 일에 전념하고 있다고 했다. (권사님 연락처 ; 033-241-2037)

나는 거기서 자상하시고 친절하신 하나님을 만날 수 있었다. 계란만한 암 덩어리가 남지 않았어도 그녀가 내게 찾아왔을까? 내게도 친절하게 알려주시는 꼼꼼하신 하나님이시다. 그 후 손녀 결혼식 초청을 받아 참석하니 천사처럼 예쁜 모습으로 앉아 있었다. 하나님께서는 병에서 놓인 날 치료의 도구로 사용하시는 놀라우신 분이시다. 당시 그 권사의 나이가 81세였고 지금은 건강한 모습으로 신앙생활을 잘하고 있다. 9년 전이니까 지금은 90세다. 국가에서 지원해 주는 생활보조비를 받아 자립해서 해강아파트에서 교회 잘 다니고 있다. 벌써 10년째 건강한 모습으로 사신다. 이는 전적으로 하나님의 은혜임을 확신한다.

▲ 김보순 권사님과 외손녀 권OO 양, 맨 왼쪽은 이OO 형제

20 _ 인생은 한 편의 드라마

지난해 가을, 단풍이 곱게 물들어가는 때에 미국에서 온 동생들을 포함한 우리 5남매가 전에 다니던 장성중앙교회를 찾아갔다. 언덕 위에 새로 지어진 아름다운 건물이다. 예배 1시간 전에 도착하게 되어 차 속에서 KBS TV에 다큐로 방영된 〈미래기획〉을 시청했다. 왕년에 유명했다는 60살 넘은 야구선수를 비롯한 암환자들과 그 가족들이 죽음을 준비하는 과정과 닥터들의 노고가 소개되었다. 일산병원 가정의학과 의사들의 노고와 극심한 고통을 겪으며 인생의 최후를 맞는 환자들의 모습을 보니 가슴이 저렸다.

프로그램을 시청하며 아들을 낳으며 고통스러웠던 옛일이 생각났다. 내게
는 딸 하나를 주셔서 딸의 엄마가 되는 기쁨을 누렸다. 그 딸아이가 네 번째
로 수술해서 얻은 아이여서 호호 불며 애지중지 키웠다. 퇴원할 때는 더 이상
임신할 수 없다는 사실을 확인받고 1월에 퇴원했었다.그런데 이듬해에 또 임
신을 하게 되어 병원으로 달려갔다. 다섯 번째 수술을 또 해야 하기에 망설이
다가 선생님께 간 것이다. 이럴 수 있느냐며 항의했다. 그때 제일병원 산부
인과 의사인 이승호 박사가 이렇게 말했다. "남자에게는 늙으면 아들이 필요
하다. 아들이 없으면 늙어서 너무 쓸쓸하기 때문에 나팔관을 묶지 않았다."
고 했다.

집에 돌아온 나는 학교 운동장을 여러 번 뛰어다니기도 하고 출퇴근할 땐
일부러 마구 달려 버스를 타기도 했다. 혹시 자연유산이라도 될까 기대하면
서 막 뛰었다. 그랬더니 하혈기가 있었다. 그러느라 산달을 잘못 잡아서 9개
월 만에 진통이 와서 죽을 고생을 했다. 1월 15일 예정이었는데 12월 15일에
밤새 진통하였다. 47년 전이라 장성엔 택시가 없었다.마침 친구인 영어선생
남편이 석탄공사 요직에 있었기에 오밤중에 지프차로 나를 응급실로 실어갔
었다. 더군다나 40여 일 동안 없었던 마취사가 그날 새벽기차로 왔다고 했
다. 그런데 마취를 계속 시켜도 마취가 되질 않았다. 난 서울제일병원 주치
의에게만 진료를 다녔기에 장성병원엔 진료기록인 오더가 없었다.

심한 통증과 씨름하던 끝에 11시 55분에야 분만을 하였다. 하지만 의식 회
복이 늦어져서 가족들이 근심이 많았다. 이튿날 새벽에야 의식이 돌아왔다.

정신이 든 내게 남편이 들려준 말이 있다. "아들이야! 아들을 낳았어." 하며 귀에 대고 속삭였다. 믿어지지 않았다. 사실 나는 지난번 딸아이를 수술로 낳았을 때, 하나님을 원망하면서 울었던 일이 있다. 꿰맨 배가 피가 터져 흐르도록 말이다. 그래서 아들이라고 귓속말로 속삭인 남편이 화장실에 다녀오겠다며 나가자마자, 어둠 속에서 더듬으며 침대를 내려가 옆에 있는 아기침대에 누워 있는 아기 사타구니에 손을 넣었다. 물컹한 게 손가락에 잡혀서 똥인 줄 알고 깜짝 놀랐다. 냄새를 맡으니 아무 냄새도 나지 않았다. 똥이 아니고 아기 불알을 만진 것이다. 그제야 회심의 미소를 지으며 침대로 올라가는데 얼마나 꿰맨 배가 아프던지….

제일병원은 내가 서울 유학시절에 살던 숙부님 집 뒤에 있어 나와는 인연이 깊은 곳이다. 담석증 수술을 6시간 했던 곳이요 그래서 쓸개 빠진 여자가 되었다. 또 셋째는 임신 7개월에 동생이 ROTC 훈련 중에 순직한 일로 충격을 받아 조산을 했다. 7개월 된 조산아를 낳아 인큐베이터에서 2개월 키운 곳이요, 넷째 딸을 제왕절개한 곳이기도 해서 그 병원에 줄곧 다녔다. 수술이력이 막강한 내게 마취약이 잘 듣지 않는 것은 당연했다. 참으로 내게는 장성병원에서 다섯 번째 수술로 얻은 아들이다.

장성병원은 맏이를 임신중독증으로 사산한 병원이기도 하나 기쁨의 선물을 받은 곳이기도 하다. 희비가 엇갈리는 병원이다. 실은 제왕절개 수술은 세 번까지 가능하다고 의학사전에도 기록되어 있다. 그래서 넷째 딸아이를 수술 받은 후 퇴원하면서 제일병원 이승호 박사가 난소를 묶는 도장까지 찍게 했었다. 그런데 이듬해 또 연년생으로 임신이 되어 주치의를 찾아갔던 것이다. 그때 노년의 남자에게는 말동무가 필요하다는 의사선생님 말이 맞는 것 같다. 부자지간에 취미도 같고 야구를 좋아하며 구장에도 가족 모두가 함께 가며 통화도 자주하는 것을 보면서 하나님께서 그리하셨다고 생각한다.

희비의 우여곡절이 얽힌 곳이다. 이런 생각을 하면서 시간이 되어 예배당에 들어가 예배 보고 나왔다. 참으로 희비가 엇갈린 한 편의 드라마 같은 삶인 것을 깨닫게 된 날이다. 그런데 이 모든 일들은 겨울방학 때만 일어났기에 가족 외에는 그 누구도 모른다. 생명의 문제나 시간 등의 조율은 내 의지로 되는 것이 하나도 없었다. 장성중앙교회에서 세례 받은 내 남편과 아이들이 유치원 다니면서 믿음의 뿌리를 내렸다. 하나님의 은혜로 얻은 아이들로 인해 삶의 기쁨을 누리며 지금까지 잘 살아왔다. 게다가 내 동생 샤론 목사가 1972년 봄날 도미하기 직전에 돌잡이 내 아들을 안고 여기 와서 기념 촬영하던 곳이기도 하다. 그런데 오늘 이곳에 와서 장성한 그 아들이 방영되는 다큐를 보다니 한 편의 드라마가 펼쳐지는 것 같았다. 45년 전의 일들이 주마등처럼 스친다. 참으로 내 삶은 희비쌍곡선이었다.

21 _ 동생의 부음을 듣고서

태양이 작열하는 여름날 뜬금없이 한 통의 부음전보를 받으신 어머니가 졸
도하셨다. 사랑하는 아들이 전사했다는 뜻밖의 소식이었다. 전시도 아닌데
이 평화시대에 군대 간 아들이 죽었다는 소식은 청천벽력이었다. 군인들의
죽음은 전시 중에만 있는 것으로 알았던 당시에 우리 내외가 아버지를 모시
고 원주 38사단에 갔었다. 가보니 입술을 제외하고 동생의 몸 전체가 흰 붕
대로 감겨 있었다. 내무반에 들어갔으나 소지품이 다 치워져서 동생 자리만
횅하게 비어 있었다. 도무지 믿기지가 않아 아연실색했다. 사단장이 같은 내
무반원에서 허약한 아이들을 나란히 꿇어앉혀 놓고 "이 아이들보다 튼튼했
었는데 순직했다."고 설명했다. 한밤중 12시에 비상훈련으로 40kg의 배낭을
짊어지고 M1총을 메고 훈련했는데, 우리 동생은 다른 장병의 총까지 메고 뛰
다가 사단 입구에 다 와서 쓰러졌다고 해명했다.

현장에서 심한 충격을 받은 아버지마저 쓰러질 것 같아 부축해서 모셔온
후, 3일 만에 원주에서 시신을 화장하고 동작동 국립묘지에 안장했다. 그때
3일 만에 처음 먹는 냉면을 게눈 감추듯이 먹어치우면서 먹는 본능이 얼마나
무서운가를 느꼈다. 그리도 애지중지하며 고생하시면서 뒷바라지한 부모님
의 허망한 모습은 차마 보기가 민망했다. 그는 적십자 단원이 되어 활동했었
고, 평소 등산회원으로도 활동했던 튼튼한 청년이었다. 정치외교과에 다니며
앞으로 아이보리코스트 외교관으로 활동하리라는 꿈을 키우던 아이였다. 부
모님의 꿈이었고 전부였던 아들이 우리 곁을 떠난 것이다.

　나는 동생의 장례식을 겨우 치르고 그 충격으로 한 달에 두 번 수술을 받았다. 첫 번째는 담석제거 수술이었고, 보름 후 7개월 만에 조산으로 제일병원에서 수술을 했었다. 담석증 수술은 6시간 동안 했었다. 한 달에 두 번이나 이어지는 수술이라 허약해진 나는 머리를 들 기운이 없었다. 고개를 들지 못할 정도로 머리가 그토록 무겁다는 걸 처음 알았다. 병원 의사는 아이가 살수 없을 거라면서 버렸지만, 시어머니께서는 앞으로 자식을 더 낳을 수 없을 테니 당신이 데려다가 이불에 싸서 호호 불며 살려냈다. 우리는 이를 알고 다시 병원 인큐베이터에 넣어서 2개월 동안 키웠다. 그리고 그 어린 애기를 세브란스병원에 재입원시켜 뇌수술까지 받게 했다. 방긋 웃는 그 모습이 너무도 예뻤다. 우리는 주말마다 병원을 오르내렸다. 하지만 소용이 없었다. 그 애를 고칠 수만 있다면 지구 끝까지 가리라는 마음을 먹었다. 고칠 수 없어 하늘나라로 가고 말았다. 모진 시련을 겪어야 하는 내 자신의 삶을 돌아보니 허망함뿐이었다. 살고 싶지 않았다. 생명의 주관자이신 하나님을 원망하는 어리석은 삶을 살았다.

해마다 현충일 하루 전인 6월 5일에 찾아왔었다. 이번엔 하루 앞당겨 왔다. 주일을 지키려고 말이다. 약관의 나이에 현충원에 안장시킨 지가 50년째 되는 날이라 감회가 더욱 깊었다. '두 여동생들도 미국에서 이날을 생각하고 있겠지.' 하며 예배를 드렸다. 병원일 땜에 오지 못한 용이도 유능한 의사로 활약하고 있다. 우리 남은 5남매들은 저마다 삶에 충실하며 우리 철수 몫까지 하느라 열심히들 살았다.

1966년 8월 1일에 이곳에서 안장식을 거행하던 날이 생각났다. 고인이 된 박00 학장님이 "약관의 젊은 나이에 피지도 못한 채 조국을 위해 산화한 용사여!" 하며 구슬프게 애도하는 조사를 하시던 음성이 들리는 듯했다. 지금은 반백이 다 된 우리 이 박사는 그때 고2여서 제주도 수학여행 중이었고, 치의학 박사인 용이도 중3이어서 고입 수험준비 중이라 안장식에 오지 못했었다. 졸도하신 어머님을 집에 두고 아버님만 모시고 우리 부부는 원주 38사단에서 화장을 한 유골을 안고 여기 동작동 현충원에 안장시켰다. 아들을 잃은 어머니께서 "아무리 효자였으면 뭘 하나? 차라리 깡패라도 좋으니 살아 있기만 하면 좋겠다."고 말씀하시던 생각이 난다. 이젠 찌꺼기만 남았다고 하셨다.

  딸 내외와 묘소를 내려오며 외삼촌 얘기를 나누었다. 장차 아이보리코스트에서 외교관을 하겠다던 것이 외삼촌의 꿈이었다고 했다. 딸이 "왜 하필 거길 가겠다고 했냐?"는 질문을 했다. 서로 흩어져 살았던 나는 그 이유를 묻지 못하였기에 대답을 못 했다. ROTC 4기생인 친구들도 이제 70세가 넘었으니 할아버지들이 되었다. 지난해에 왔을 때는 모두들 머리카락이 희끗희끗하게 빛바랜 노인들이 되어 있었다. 하늘에서 내려다보고 있을 사랑하는 내 동생을 생각하며 현충원 앞에서 기념사진을 찍고 처음으로 만남의 집에 들러서 함께 점심을 먹었다.

  조국을 위해 헌신한 동생이 있다는 게 자랑스러우나, 날이 가고 세월이 흐를수록 아쉬운 마음과 애틋함이 더해 감은 어쩔 수가 없다. 아들의 이름을 목메어 부르시던 어머님의 모습이 잔영으로 맴돈다.

22 _ 새내기가 된 손자에게 바라는 마음

이른 봄날이라 다소 쌀쌀하지만 길가에는 파릇한 새싹들이 붐비며 솟아오르고 있다. 우리 내외는 손자 입학식에 가기 위해 길을 나섰다. 어린 새내기들은 바라보기만 해도 힘이 솟아난다. 파란 새잎이 돋아나듯 꿈을 가득 품은 학생들을 보기만 해도 믿음직스럽다. 컴퓨터전자공학과에서 자기의 기량을 맘껏 펼칠 우리 손자 녀석이 어찌나 대견하고 믿음직하던지 마음이 뿌듯했다. 강당에 모여서 신입생 오리엔테이션을 듣고 수긍하며, 안심하는 학부형들 틈에 끼여서 나왔다. 우리는 기숙사에 다시 들어가서 손자 짐정리를 마쳤다. 식당에서 줄을 서서 기다린 끝에 드디어 점심을 먹었다. 앞으로 우리 손자가 이런 음식을 먹겠구나 하면서 즐거운 맘으로 먹었다. 버스를 타고 다닐 만큼 교정이 넓었다. 학교의 경내를 한 바퀴 돌아보고 떠났다.

돌아오는 길에 김유정 문학관에 들렀다. 그의 작품 속에 등장하는 인물들을 등장시킨 닭싸움 장면 앞에 한참 서서 구경하며 그 시대상을 연상할 수 있었다. 사람들은 그 앞에서 사진도 찍으며 담소하고 있었다.

참으로 오랜만에 보는 초가지붕은 정겨움을 준다. 그의 동상 앞에서 기념사진 한 컷을 찍었다. 그 시대배경을 재현시킨 내용이 재밌었다. 연못을 지나 전시장 내부를 둘러보며 일목요연하게 잘 정리된 장면을 보니 그 시대 풍속이 우리에게 쉽게 다가오는 것 같았다. 나오다가 수위아저씨를 만났다. 그는 자원봉사자로서 그 일 하는 것을 자랑스럽게 생각하는 것 같았다. 그는 자신이 하는 일에 대한 자부심을 가지고 친절하게 설명해 주었다.

우리는 김유정문학관을 돌아보면서 이에 상응하는 역사의 일꾼이 되기 위한 발판을 다짐하는 좋은 기회가 되었으면 했다. 사랑스런 손자가 자신이 앞으로 살아갈 일에 대한 비전을 갖고 대학생으로 헤쳐 나갈 길을 꿈꾸는 청년이 되길 염원했다. 장차 절반은 사회인으로 절반은 학생으로서 멋진 꿈을 향한 발걸음을 내딛을 기회가 되기를 바라는 마음 간절했다. 그는 대학생활을 하는 동안 전공과목 외에 보컬그룹 활동도 했다. 작년엔 클래식 합주단 전국대회에도 참여하여 취미생활을 즐기고 있다. 멋진 대학생활을 하는 주인공이 되길 바란다. 온유한 성품의 기환에게 "온유한 자들은 땅을 차지하며 풍성한 화평으로 즐거워하리로다.(시37:11)*는 말씀이 성취되길 기도하였다.

23 _ 세종포럼 조찬회에 참석하는 날

새벽바람이 옷깃을 스치는 상쾌한 날이다. 나는 할 수만 있으면 매월 한 번씩 새벽 5시 전철을 타고 세종호텔에서 열리는 조찬모임에 참석한다. 새벽 4시 반이면 그이가 춘천역에 데려다준다. 모교인 세종대학이 산업분야를 비롯하여 동양에서 10위권 안에 드는 면학분위기로 발전하고 있어 자부심을 갖게 한다. 새벽 7시 30분에 개최되는 세종포럼 조찬회에 참석하였다. 조찬 시작 전에 정례적으로 사계의 권위자인 교수들을 초빙하여 마음을 상쾌하게 하는 음악 연주가 있다. 이어서 한 시간 동안 전개되는 강의를 통해서 유익이 되는 내용으로 내 마음을 새롭게 하는 시간이다. 그날은 김고운 교수의 피아노 연주가 있었다. 쇼팽의 nocturne op9 no3의 연주는 마음을 더욱 상쾌하게 했다.

조찬 후에 주00 산업통산부장관의 "수출활력의 회복을 위한 강연"이 시작되었다. 한국은 창의성은 좀 부족하나 1등은 반드시 따라잡힌다는 신념으로 일하고 있다는 내용이었다. "남이 달리는 경로를 보고 쫓아가기 때문에 지름길로 달려간다."라고 역설했다. 이런 신념으로 달리고 있는 한국의 수출전략과 발전상 및 새로운 산업정책의 방향을 들으며 마음 든든했다. 한·미·일이 3개국은 같은 방향으로 정책이 입안되고 공조하고 있음을 알게 되었다. 이는 000 정부의 눈부신 활약상을 확인하는 시간도 되고 발전 한국에 대한 자부심도 가지는 계기가 되었다. 이렇게 새벽에 부지런을 피우는 것은 그날 하루의 정해진 일에 지장 없이 알차게 보낼 수 있기 때문이기도 하다. 건강이 있고 걸을 수 있는 한 하고픈 일은 얼마든지 하고자 한다.

5월 세종포럼에서는 "다른 대한민국, 외국인이 보는 한국의 가능성"이란 주제로 임마누엘 페스트라이쉬 교수(Emanuel Pastreich, 이만열, 경희대학교)를 모시고 강연이 있었다. 외국 석학의 시각으로 본 다른 대한민국과 그 가능성에 대한 이해를 가질 수 있는 시간이 되었다. 그가 본 한국의 가능성은 개발의 여지가 많다고 했다. 홍익인간 사상은 남을 배려하고 섬기는 것이며,

선비사상은 많은 연구와 개발로 창조정신이 탁월하다면서 이를 연구 개발하여 세계에 널리 선양할 필요가 있다고 보았다. 싸이의 '강남스타일'이나 한류 등은 일시적인 것이지만 영원히 세계사에 기여할 만한 한국인의 성품과 기질, 능력을 개발하여 남길 만한 가치성을 찾아야 한다고 했다. 일본의 사무라이가 알려졌듯이 한국인의 도덕성, 순수성, 기민성을 연암 박지원의『열하일기』나 한글의 과학성과 최초의 판각 등등 많은 분야에 관심을 가지고 참고하여 널리 선양할 필요가 있다고 했다. 현재로서는 이를 연구하는 외국인은 15명 정도가 된다고 하는 강의를 들었다.

우리가 왜정 36년간의 억압되었던 기간을 거슬러 올라가 부단한 노력을 경주한 결과 오늘에 이른 것이라고 생각한다. 장차 우리나라는 필연 세계열강과 겨루어 보다 발전된 삶을 살 수 있다는 자부심을 가질 수 있었다.

24 _ 다목리 공동체에서의 섬김의 하루

　사랑하던 장전교회를 떠나서 한제채플(JDM)로 옮겨왔다. 83년 YWCA 활동을 할 때부터 친교했던 윤태호 목사님이 시무하는 교회다. 세계 선교를 목표로 제자 훈련을 통해 선교에 주력하는 교회다. 윤 목사와는 30여 년이 넘도록 익히 아는 사이다. 한 가족처럼 지내는 사랑이 풍성한 가족 같은 교회다. 이 교회에 안착한 지가 3년이 된다. 말씀의 뿌리를 깊이 내려 예수님의 보혈의 피로 뭉쳐진 따뜻한 교회다.

　초하의 청명한 날에 파란 하늘을 이고 우리 한제채플 성도들은 춘천 시내를 벗어났다. 주일예배 후 다목리 공동체에 봉사하러 떠난 것이다. 다들 즐겁고 활기찬 모습으로 출발했다. 1시경에 출발한 일행은 화천읍을 지나 1시간 남짓 달려서 도착했다. 각자 승용차를 이용하기도 하고 교회버스에 편승하기도 했다. 5천 평 부지의 언덕에 우리나라 지도처럼 경사진 곳이었다. 컨테이너 박스에 임시 거처가 마련되어 있었다. 중간부분을 평평하게 평탄작업을 한 터였다. 집터 아래와 위에 옥수수, 콩, 고구마, 고추 등의 농작물이 심어져 있었다. 특히 시선을 끄는 것이 있었다. 길을 따라 올라가는 좌우에 금송화, 백일홍, 봉선화, 분꽃 등의 재래종 화초들이 심어져 있어 고향에 온 것 같은 느낌이 들었다. 그 꽃들이 우릴 여기저기서 반겨주는 것 같았다. 더구나 진홍색의 화초양귀비가 바람 따라 하늘거리는 자태는 더욱 내 마음을 사로잡았다.

부녀자들은 각자가 할 수 있는 일을 했다. 비온 뒤에 무성하게 자란 잡초들을 뽑기도 하고, 꽃밭을 가꾸고, 토마토와 가지 밭에선 팔뚝만한 풀을 뽑기도 했다. 한편에서는 부침개를 5kg이나 준비하여 뜨거운 불 위에서 열 받으며 열심히 부쳐서 대접했다. 7월의 작열하는 태양 아래 땀방울을 흘리며 내집 일처럼 서둘러 일하는 모습이 믿음직스러웠다. 남자들은 철근이 세워진 컨테이너 위에 올라가서 천막을 쳐서 창고를 만들어 필요한 농기구들을 보관할 수 있게 했다. 한편에선 골짜기에서 내려오는 물줄기를 모으는 도랑을 쳐서 흄관을 묻었다. 큰 바위 같은 돌들을 파서 견고한 물길을 만들어 물고를 잡느라 애썼다. 소낙비처럼 흐르는 땀방울을 흘리며 열심히들 일을 했다.

청년들 대부분은 조를 짜서 울타리를 만들었다. 짐승들로부터 농작물의 피해를 막기 위해서다. 고라니, 토끼, 멧돼지 등의 들짐승들이 울타리를 쳐놓은 것을 보면 덮치지 못한다고 했다. 100여 명의 봉사단원들 모두가 한 가족이 되어 열심히 일을 한 보람이 있었다. 휑하니 거친 황무지 같던 골짜기의 언덕에 울타리를 치고 김을 매고 풀을 뽑은 밭은 농작물이 잘 자랄 것 같았다. 사람의 손길이 가니 잘 정리된 경작지가 되었다.

이곳은 좌우 사방이 울창한 숲이었다. 옛날 이씨조선 시대에 임금님이 특별히 나무를 많이 심게 해서 나무가 많은 동네로 마을 이름을 '다목리'라 했단다. 1980년 내가 화천여고에 근무할 때 다목리에서 오는 학생들이 지각을 많이 해서 엄청 먼 곳인 줄로만 알았었다. 오늘에서야 나무를 많이 심은 울창한 곳이라는 것을 처음 알았다. 심산유곡에서 맑게 흐르는 물을 막아 식수로 하고, 전기도 들어온 곳이다. 비록 외진 곳이지만 앞으로 살아가기엔 좋은 여건이 갖춰진 것 같았다. 이곳에 와서 하는 사람들의 기도가 응답되는 자연치유의 현장이 되기를 바라며 돌아오는 발걸음은 가벼웠고 홀가분했다.

젊은이들이 흘린 땀방울이 결코 헛되지 않기를 바라며 내려왔다. 이제 다목리 공동체를 찾아오는 형제들의 기도소리가 메아리치며 응답받기를 바라는 마음 간절하다. 이 다목리 공동체를 운영하는 김OO 장로님은 한제채플의 기둥과 같은 분이고, 간암을 낫게 하신 하나님이 기뻐하시는 일꾼이다.

25 _ 렌즈를 통한 기쁨을

　어느 해 5월 어버이날에 아들이 CANON Mark 2 카메라를 선물로 사주었다. 외골수로 살아온 나에게 새로운 세계의 창문을 달아준 셈이다. 주 하나님이 지으신 자연동산을 오르내리며 지금까지 몰랐던 세계로 시야를 넓히며 살게 되었다. 여가선용으로 이만한 기구가 없다고 생각한다. 결코 사치도 낭비도 아니다. 그래서 요즘은 스마트폰으로 사진을 많이 찍을 수 있게 날로 발전되어 가고 있다. 카메라는 국민의 정서를 순화시키는 취미 도구로 사랑받고 있다고 보도되기도 한다. 요즘은 골프동호인보다 사진동호인들이 더 많다고 한다. 나는 '소양호'라는 카페에서 동호인으로 활동했다.

　그동안 교직에 근무하느라 세상물정엔 어두운 편이었다. 더구나 자연과 친밀한 관계를 가질 기회를 갖지 못했다. 고작 소풍 갈 때나 수학여행만이 유일하게 자연과 친해지는 기회였었다.

우리는 여유의 시간을 내어 계절이 바뀔 때면 근교에 나가 잠시 사진촬영을 했다. 때론 동료들과도 명승지를 찾아 사진을 찍었다. 사물을 조용히 바라보며 자연과의 대화도 한다. 더구나 접사를 찍을 때면 그 실체를 담기 위해 조용히 관조하며 망중한을 즐기기도 한다. 아마추어라고 아무렇게나 찍을 수는 없었다. 사진술이나 포토샵도 배웠다. 최근에는 동영상 제작에도 관심을 갖게 되었다.

 사진촬영을 하다 보니 그 매력에 빠진 것이 한두 가지가 아니다.
첫째, 사진은 정직한 실상을 보여준다. 사람의 눈에 잡히지 않던 실상도 렌즈에 담긴다. 진실을 말하고 알리는 데 이보다 좋은 것이 어디 있을까?
둘째, 정서순화에 도움을 준다. 자연과의 대화를 통해 내 마음에 평안이 오는 것을 느낀다. 자연 친화력의 관계를 맺어준다.
셋째, 빛의 예술이다. 빛이 없으면 아무것도 형상화할 수 없다. 그리스도인들이 빛이신 주님을 따라 살듯이 빛을 통해서만 모든 형상이 가능하다.
넷째, 카메라 앞에선 다들 웃어야 예쁘고 행복해진다. 웃으니 건강에도 기여한다.
다섯째, 사진은 순간 포착으로 추억의 자료가 된다. 실은 나는 화재로 인해서 초·중·고·대학까지 사진이 없어 아쉬울 때가 많았다. 그래서 지금까지 사진을 찍으면 인화해서 그냥 이웃들에게 주었다.

 뿐만 아니라 사진전시회에도 10여 년간 참여하여 이웃들과 기쁨을 나눈다. 나의 정성과 시간과 노력의 결정체라고 할 수 있다. 사진으로 섬기는 것도 내

기쁨이기 때문이다. 내게 있어 사진은 빛 속에서 자연과 깊은 관계를 맺어주는 진실한 친구다. 기쁨을 주기에 행복을 느끼며 여가선용으로 이만한 친구가 없다고 생각한다.

26 _ 노후를 개척정신으로

꿈을 먹고사는 것은 학생만이 아니라 팔순이 된 나도 마찬가지다. 지금도 배우는 것을 좋아한다. 교직생활 후 병마로 인해 교역자 생활로 전환된 생활 중에서도 아들이 어버이날 사준 카메라로 틈틈이 사진 찍으며 포토샵을 익혔다. 지금은 동영상 만들기에 꽂혀 이를 좋아한다. 때로는 밤을 새우도록 그 일에 심취하기도 한다. 이젠 기력이 다소 쇠할지라도 운동을 날마다 하며 집에서 소일할 수 있는 일을 준비하고 있다. 제자들이 '2018년에도 건강하게 활발하게 사시는 모습을 보고 싶다.'고 권면한 대로 맘껏 즐겁게 취미생활과 호스피스 훈련을 받아 병원환우들을 섬기며 한 해를 보내고 싶다.

"위기는 기회"라는 말처럼 학교진학도 내 맘대로 한 것이 아니요, 아버님의 인도대로 진학했다. 학교에서 만여 명의 제자들의 꿈을 이루도록 도울 수 있었던 것은 고마운 일이다. 화재로 인해 더 보람된 삶을 살게 되어 감사한다. 원하지 않은 병마로 인해 22년의 교직생활을 접었지만 지금은 연금의 수혜자가 되어 용돈으로 쓰며 살게 되었으니 감사한 일이다.

뿐만 아니라 병마를 이긴 후 신학대학원을 나와 꿈에도 생각지 않았던 목회

자의 길로 34년을 봉직한 것은 은혜 중의 은혜요 가장 보람된 일이다. 이 모든
고난의 과정은 위기를 돌파하게 하신 하나님의 계획과 섭리였음을 고백한다.

고난은 내 길을 인도하시는 하나님의 배려요 섭리요 인도하심임을 확신한
다. 여러 가지 맹훈련을 통과해서 예비하신 복을 내리시는 하나님을 찬양
한다. "내 형제들아 너희가 여러 가지 시험을 당하거든 온전히 기쁘게 여기
라.(야고보서1:2)"는 말씀은 고난의 훈련을 겪는 과정을 통해 하나님의 사랑
이 얼마나 귀한 것임을 알게 되는 과정이다. 영육이 강건한 삶을 소원하며 기
도드렸는데 난 금년에 팔순을 맞기까지 살고 있다. 이 얼마나 놀라운 기적 같
은 삶인가! 그간에 인내하시며 참아주시는 사랑의 하나님을 어찌 찬양하지
않을까? 히스기야 왕의 기도처럼 나도 15년만 더 살게 해달라고 기도했는데

그 갑절이 넘도록 38년을 더 살았다. 덤으로 살아온 날들이 주마등처럼 흐른다. 젊은 날 고통하며 병마와 싸울 때 건강하던 이웃들이 지금은 암과 투병하는 모습을 보니 안타깝다.

"사람의 연수가 칠십이요 강건하면 팔십이라도 그 연수의 자랑은 수고와 슬픔뿐이요 신속히 가니 우리가 날아가나이다.(시90:10)"라 했는데 나는 지금 그 말씀대로 사는 은혜를 누리고 있으니 감사하고 감사할 뿐이다. 모양도 없고 형체도 없는 바람 같은 삶에서 시간이 날개를 달고 신속히 날아가고 있다. 젊은 날에 더럽고 추한 병마와 싸워 이기게 하신 하나님을 어찌 찬양하지 않겠는가? 고난 중에 주님을 만나 구원의 감격 속에서 주님과 동행하며 사니 얼마나 감사한가! "오래 앓는 마누라가 오래 산다."는 속담처럼 병중에도 감사하며 산 것은 전적인 하나님의 은혜임을 고백한다. 그분의 계획과 섭리 안에서 그분이 오라 하시는 날을 기다리며 소망 중에 산다는 것은 얼마나 기쁘고 감사한 일인가!

이글을 굳이 남기는 이유가 나름대로 있다. 나는 저명인사도 공로자도 전문가도 성공자도 아닌 지극히 평범한 존재다. 감히 회고록씩이나 쓰는 것은 가소로운 일이기도 하다. 하지만 온갖 고난 중에도 살아남은 것은 내 의지와는 전혀 관계가 없는 일이었다. 모든 것이 하나님의 섭리였음을 고백한다. 주님의 은혜가 하해와 같아서 이를 기리기 위해 밝힌 것이다. 특히 내 딴에는 잘한다고 12살의 나이에도 열심히 물지게로 물을 길었는데도 아버지께 따귀 맞은 일로 정신이 번쩍 들었던 일, 내가 아니면 안 되는 경우를 알고는 힘들어도 해야 하는 일이 있다는 사실, 엄청난 화재의 피해를 당해도 새로운 길이 있다는 사실, 불치의 병이 와도 막아주고 치료의 길이 있다는 사실, 너희가 여러 가지 시험을 만나거든 온전히 기쁘게 여기라는 말씀이 사실이라는 증언을 위해 쓴 것임을 밝힌다.

살아오는 동안 사회생활에서, 신앙생활에서, 학문의 길에서, 신체건강 등에서 다양한 멘토를 붙이셨다. 전능자의 뜻대로 부르심을 입은 자들은 모든 것이 합력하여 선을 이루시는 분이 섭리하신 사실을 알리고 싶어서다. 때를 따라 좋은 이웃을 붙여 늘 임마누엘 하나님의 영광을 위해 행복한 삶을 사시기를 바라는 마음 간절하다.

끝으로 이 글을 감수해 주신 강원대학교 강동협 교수와 JDM의 김영기 선교사, 도서출판 행복에너지 권선복 사장과 옆에서 격려와 지도조언을 해준 아들과 옆지기에게 깊은 감사를 드린다.

PART 2

기행문 I

▲ 영국

▲ 이집트 스핑크스

▲ 이스라엘 통곡의 벽

▲ 레드우드 국립공원

▲독도

▲울릉도

PART 2
기행문 I

01 _ 빈 둥지에도 봄은 오는가

오랫동안 망설이던 끝에 아들 내외의 권유로 해외여행 길에 올랐다. 그 젊은 날을 다 보내고 이 나이에 해외여행이라니 망설일 수밖에 없었다. 갈 길이 바쁘다며 설득하는 아들의 모습이 기특하기도 했다. 황혼 길에 나선 여행이라 조심스러웠다. 그이의 팔순기념 여행이라지만 서로 염려하는 마음에서다. 난 그이의 나이가 걸렸고, 그이는 평소 비실비실한 내 건강이 염려된다고 했다. 그랬는데 막상 출발하고 보니 그것은 기우였다. 우린 10여 일 동안의 여

행을 무사히 마치고 귀국할 수 있었다.

시월의 늦가을 쾌청한 날씨에 인천공항을 출발하여 11시간 정도 비행 후 프랑크푸르트 공항에 도착하니 현지 시간으로 오후 5시경이었다. 예정된 버스로 이동하는 동안 가이드의 안내와 설명을 들었다.

독일은 120% 정도가 철저하게 법을 잘 지키는 경찰국가라고 했다. 모두가 감시원이요, 불이익이 되는 것은 용서치 않는다는 설명이다. 오늘의 안정과 번영은 법의 준수에 있었고 근면 검소한 국민이라 했다. 국민들은 세금만 잘 내면 교육비를 포함한 모든 것이 무상이고, 자녀에게 유산은 물려주지 않고, 그해의 수입은 모두 휴가비로 쓰며, 자신들의 행복을 위해 즐긴다고 했다. 부모들은 대부분이 가까운 휴양지나 스위스 등지에 별장을 두고 휴가를 보내며 자기들의 삶을 즐기는 세대라고 했다.

자녀들은 고등학교만 졸업하면 자기가 벌어서 여행이나 등산은 물론 체력단련을 통하여 자립정신이 강한 국민으로 성장하게 된다고 했다. 버스는 100km로 제한하게 되어 있으며 그 덕분인지 교통사고가 없는 나라라고 했다. 우린 한식당에서 저녁 식사를 마친 후에 호텔로 옮겨 여장을 풀었다.

서유럽이 문화여행이라면 동유럽은 감성여행이라고 한다더니 과연 그런 것 같다. 아름다운 유물유적이 고스란히 보존되어 있어서 세계의 관광객을 부르는 곳다웠다. 십자군 전쟁이나 1차 세계대전 등의 끔찍한 전쟁을 치르면서도 조상들이 남긴 유물유적을 보존하기 위해서 애쓴 결과라는 것이 보였다. 오스트리아 국민들은 그 비법을 이렇게 말하면서 자부심을 갖는다고 한다.

114 고난의 축복

"먼저 항복하고 나서 유물유적만 건드리지 않는다는 보장만 해준다면 무엇이든지 협조하겠다. 그 후에 정신적으로 투쟁하여 자유를 찾는다."

공산 치하에서 신음하던 오스트리아와 헝가리는 서유럽보다 늦게 개방되었다. 이 나라들이나 동서독의 통일은 꾸준한 경제성장을 위한 노력을 했었기에 가능하다고 생각되었다. 우리들이 개혁을 한답시고 먼저 부수고 해결하려고 하는 것과는 퍽 대조적이었다.

평소 나는 미개한 지역보다 문명이 발달하고 질서와 안정이 보장된 곳을 여행하고 싶어 했다. 드디어 그 꿈을 이루게 된 것이다. 낯선 나라 사람들이 문화 생활하는 선진지역을 가보고 싶었다. 물론 이스라엘, 터키, 뉴질랜드, 괌, 일본, 미국 등지는 젊은 날에 여행한 기억이 있다. 하지만 동유럽은 늘 가고파 하던 곳이었는데 기회가 없었다.

특히 오스트리아는 음악의 나라, 예술의 도시라 꿈의 마을이기도 했다. 안익태 선생이 11년간 유학했고, 베토벤이 28세에 시력을 잃고 작곡하던 약수 온천도 보고 싶었다. 그런데 우리 가족이 함께 와서 그 약수를 마시며 여러 나라에서 모여든 나그네들과 나란히 앉아서 천장까지 치솟아 오르는 약수 온천수를 보며 마시다니 꿈만 같았다. 게다가 헝가리 부다페스트는 평소에 관심을 가졌던 곳이었다. 지난날 "프라하에도 봄은 오는가?"라는 글을 읽을 때 암담했던 젊은이들이 자유를 구가하며 처절한 투쟁을 벌였던 일을 상기하기도 했다. 지금은 안정되고 평화롭게 행복을 누리는 곳이 되어 있었다.

이튿날 뮌헨에서 이른 시간에 출발하여 2시간 남짓 버스로 달리니 잘츠부르크의 잘츠캄마굿이라는 마을에 도착했다. 입구 버스정류장에 오스트리아기와 태극기가 나란히 게양되어 있어 우릴 반기는 듯했다. 알프스 산자락이 멀리 보이는 정상을 향해 케이블카를 타고 오르니 빙하가 녹아서 형성된 세 개의 커다란 호수들이 시원스럽게 보였다. 하늘의 실 비단 구름이 호수에 나비처럼 내려앉은 모양은 한 폭의 수채화를 보는 것 같았다. 일행들이 여기저기서 아름답다는 감탄사를 연발한다.

　우리 모두는 가장 높은 정상에 세워진 십자가 밑에서 기념촬영을 했다. 하산 후 마을에 들어서자 모차르트 어머니 생가 앞 나무에 세워진 동상을 지나 유람선에 올랐다. 우리는 호수 좌우에 펼쳐진 별장의 내력들을 들으며 자연 경관의 아름다움에 매료되기도 했다. 뱃머리에 부서지는 포말을 보며 산자락이 드리운 반영을 카메라에 담았다.

그때 알몸으로 노를 저으며 일광욕을 즐기는 한 사내의 쪽배가 이색적이었다. 얼마나 햇빛을 사랑하며 건강관리에 힘쓰기에 저토록 햇빛을 선호할까 하는 생각을 했다. 우리 동네에서 산책할 때 팔에 토시를 하고 이상한 마스크를 쓰고 눈만 내밀고 다니던 어떤 여인의 모습이 오버랩 되었다. 하루에 30분이면 비타민 D 결핍을 면할 수 있다는데도 굳이 얼굴을 가리고 다니던 여인을 생각하니 씁쓸한 기분이 들었다. 달리는 차창 너머로 보이던 베란다나 거리에도 한가로이 일광욕을 즐기던 모습들을 보았다. 노후건강을 위해 노력하는 것이 아닐까 상상도 해보았다.

계속되는 일정 중에 꼭 들러야 한다는 할슈타트 마을에 갔다. 유네스코에 등재된 자연환경 보존지역이다. 볼프강을 끼고 형성된 호수마을! 그림 같은 곳이다. 알프스 산맥의 거친 암반으로 이뤄진 산과 깨끗한 호수가 만들어내는 환상적인 풍경이 그림처럼 자리하고 있었다. 잠시 쉬면서 마을 한 바퀴를 돌아보았다. 마을 중앙에는 성당이 있고, 집집마다 베란다에 빨간 베고나, 제라늄 꽃들이 아름답게 피어 있었다. 마치 동화의 나라에 온 것 같았다. 가파른 산기슭에 지어진 집들이 한결같이 전통을 이어오며 가꿔진 것이라니 놀랍다.

해질 무렵 오스트리아 잘츠부르크 성의 미라벨 정원에 들렀다. 이곳은 〈사운드 오브 뮤직〉 영화 촬영지라고 했다. 우리나라에도 방영된 영화다. 그곳에서 우리 가족은 기념사진을 찍었다. 그 영화는 1964년에 제작된 것인데 나치 치하에서 자유를 찾아 미국으로 망명하기 위한 과정 중 위기를 아슬아슬하게 넘기던 장면과 지혜롭게 대처하던 주인공의 모습이 떠올랐다. 그 영화로 오스트리아의 아름다운 자연과 유적이 잘 어우러짐이 널리 알려져서 많은 관광객이 모이게 되었다고 한다. 그것이 계기가 되어 몰려온 관광객이 들고 오는 돈으로 먹고사는 나라가 되었단다. 유물유적을 잘 관리하여 국민소득 43,000불의 나라가 되었단다. 가는 곳마다 모차르트, 슈베르트, 베토벤 등의 아름다운 선율이 흘렀다. 조상의 덕에 먹고사는 나라라고 해도 과언이 아닐 듯싶다. 우리나라도 지금처럼 한류열풍을 타고 세계의 관광객이 몰려드는 날이 올 수 있게 되길 바란다.

비엔나는 음악의 도시, 음악인의 무덤, 살롱문화가 발달한 낭만의 도시라고도 한다. 귀족들의 저택은 살롱공간만 있으면 음향장치를 전혀 하지 않고 의자도 나무로만 설치한단다. 비엔나 거리에 도착한 우리는 자유시간을 얻어 광장에 잠시 앉아 쉬면서 고풍스런 건물들의 모습과 달리는 마차를 보면서, 그들에게는 관광객을 위한 배려가 있다는 생각이 들었다.

500년 전에 세워진 옛 건물들의 색이 밝고 환하다. 5~6층 높이의 건물들은 회색이나 노란색 등으로 다양하게 단장되어 있었다. 건물 지붕마다 작은 유리문들이 있어 햇빛이 들어가게 만든 것이 놀라웠다. 옛날 우리 집 지붕에도 방 안으로 환하게 빛이 들어오게 하여 대낮에는 전깃불보다 밝게 했던 것이 생각났다. 그런데 이곳에도 그런 방법을 쓴 것이 이색적이었다.

달리는 창밖으로 보이는 건물들은 잘 단장되어 있다. 옛날 건물을 저렇게 유지하기 위해서 들이는 비용과 노력도 대단할 것이다. 지금도 건물의 외부 변형은 허용되지 않고 내부만 자유롭게 개조해 마음대로 쓰라는 정부방침을 따른다고 했다. 대리석으로 조각한 동상들이 대부분의 건물에 부착된 것이 특이하다. 그 옛날에도 예술적인 건물을 지을 수 있는 조상들이 있었다는 게 부러웠다. 마치 천 년 전으로 돌아간 듯한 기분이다.

영웅광장에 들러 보니 헝가리 정착 천 년 만에 세운 기념물이라 했다. 헝가리 독립을 위한 왕들과 영웅들의 노고를 기념하기 위해 지어진 거대한 기념탑과 광장을 보니, 유럽문화를 광장문화라 할 만큼 가는 곳마다 광장이 많았다. 공동체가 모이고 연합하는 축제문화라고 해도 될 것 같다.

독일의 마리안 광장과 시청사 앞 광장 중앙에 저울을 들고 있는 여인상이 세워져 있다. 무수한 관광객들이 구름처럼 모여들어 많은 생각을 하게 했다. 나는 동상 여인의 손에 들려진 저울을 보며 좌로나 우로도 치우치지 말고 중심을 잡으라는 의미인가 했다. 우리 몸도 넘치게 먹어서 과식하면 비대하여 좋을 게 없고, 너무 부족하여 체중 미달이면 병이 나는 게 아닌가 생각했다. 세상만사가 잘 조정하여 중심을 잡고 조화를 이루는 게 중요하다는 생각도 했다. 성경의 "속이는 저울은 여호와께서 미워하시나 공평한 추는 그가 기뻐하시느니라.(잠11:1)"는 말씀이 떠올랐다. 공의와 정의를 행하는 시정운영이나 국정운영을 하라는 의미도 될 것 같다. 가정에서도 부부가 서로 이해하고 양보를 실천한다면 화목하게 되지 않을까도 생각했다. 아무튼 동상의 저울은 보는 이의 관점에 따라 많은 것을 생각하게 했다.

그 주변에는 악사들이 악기연주도 하고 있었다. 남편은 그 앞 의자에서 쉬었다. 모두들 그 광대한 광장을 둘러보는 동안에.

땅거미가 질 무렵 도착한 부다페스트 거리의 건물들은 마치 한국 서울 거리에서 보이는 주상복합 건물 같았다. 중세로 돌아간 듯한 착각을 하게 되었다. 현지음식에 적응하기로 하고 떠난 나는 지역마다 접하는 독특한 음식에 대해 기대하는 바가 컸다. 이날은 각국 왕이나 수상들이 즐겨 찾는다는 식당으로 안내되었다. 최근엔 미국의 오바마 대통령도 들렀다는 식당에서 악사들의 연주를 들으며 돼지족발과 생선 모듬 비슷한 요리들을 먹었었다.

노래의 날개 위나 아리랑 등을 연주하는 악사들에게 팁을 주고 나오면서 간판 앞에서 아들 내외의 기념사진도 찍었다. 아름다운 추억이 되게 하고자 해서였다. 식후에 웅장한 오페라하우스를 둘러보고 가족들의 기념사진도 찍었다. 현란한 샹들리에, 대리석 조각상들, 우아한 장식과 동상들, 마이크 설치도 없이 사용하게 시설한 무대 등을 둘러보았다. 중세시대에 누리던 귀족들의 살롱문화를 체험하는 기회였다. 오페라 연주회를 감상하니 꿈속을 헤매는 것 같았다. 그간의 여독이 풀리며 중세로 돌아간 듯했다. 이번 여행은 보람과 기쁨이 넘쳤었다.

프라하는 천년의 역사를 자랑하며 도시 전체가 유네스코 세계문화유산으로 지정된 곳이다. 우린 다뉴브 강 유람선에 올랐다. 전에 프랑스 센 강에서 유람선을 탔던 때와는 또 다른 느낌이다. 다뉴브 강의 야경은 황금빛으로 황홀했다. 유람선을 타고 바라보는 카를교와 국회의사당, 부다왕궁 등의 다양한 건축물의 웅장함에 매혹되었다. 조명과 함께 황금빛으로 보이는 이런 야경은 처음이라 오래오래 기억에 남을 것 같다. 감상에 젖어 있는 동안 40분이 흘렀다.

이튿날 바츨라프 광장으로 갔다. 명동과 같은 번화한 거리다. 현재는 호텔, 은행, 레스토랑, 카페, 백화점 등이 밀집하여 현대적이고 화려한 모습이다. 하지만 1918년 체코슬로바키아 공화국이 이곳에서 선포되었고, 1968년 '프라하의 봄'으로 불리는 민주자유화 혁명의 집회장소였기도 하다. 수많은 체코 국민들이 구소련의 무력침공으로 희생되었던 아픈 역사를 간직한 곳이다. 우리는 그 옛날의 아린 추억을 되새기며 자유의 소중함을 간직하고 가족사진을 찍었다.

캄파공원 한쪽 수도원의 낡은 벽 쪽에 있는 존 레논 벽화 앞에 섰다. 프라하의 봄을 위해 1980년에 처절하게 죽어간 존 레논 벽에 그린 벽화에 이런 글이 기록 되어 있었다. "혼자 꾸는 꿈은 꿈이지만 함께 꾸는 꿈은 현실이 된다." 이 글귀를 읽으며 기념촬영을 했다. 민주화를 위해 투쟁하며 죽어간 이들이 있기에 오늘 우리가 이곳의 아름다운 경관을 관광할 수 있게 됨을 감사했다. 이 벽화를 보며 "민주주의는 피를 먹고 자라는 나무"라던 지인의 말이 생각났다. 자유수호의 귀중함을 바로 알고 모두가 행복하게 잘 사는 나라가 되기를 빌어본다. 어부의 요새나 백탑의 도시, 많은 성당, 성곽 등은 일일이 열거할 수가 없다.

게른트너 거리에 보이는 간판은 예술이었다. 우아한 간판이 부러웠다. 이전에 목도한 대만이나 중국 거리가 붉은 간판들로 도배된 것 같아 질린 일이 있었다. 여기 간판은 중세에 글자를 모르던 때도 그림이나 글자가 예쁘게 그대로 걸려 있다는 게 참으로 부러웠다. 간판이 그 나라 국민의 수준을 나타낸다. 우리나라도 정부 차원에서 주도하여 이런 예쁜 간판이 걸린 상점을 기분 좋게 이용할 날이 왔으면 한다. 거리의 간판 자체가 아름다운 예술이다. 대만, 한국 등지의 간판을 비교하면 부끄러움이 앞선다. 대서특필하여 붉은색 원색으로 도배한 것 같은 것을 생각하면 수치스럽다. 우리나라도 이젠 전자정부요, 전자교실을 운영하는 선진나라로 발전하는 단계에서 간판정리도 했으면 하는 바람이다.

우리가 여행한 지역들은 특히 아름다운 호수로 유명하다. 독일, 오스트리아, 헝가리는 호수문화가 발달된 나라로 알려져 있다. 호수 주변에는 다양한 캠핑문화가 발달되어 있다. 국경 없는 지역이어서 버스로 다니며 이웃집같이 공존하는 게 부럽다. 국경을 넘어갈 때는 스마트폰을 공항에서 로밍해서 갔더니 국경을 알려준다. 동유럽은 다소 늦게 개방되어 20년 정도가 되었다고 했다. 가는 곳마다 울창한 숲이 무성하고 농경지도 잘 정리된 평화로운 나라다. 위험하지 않아 안전하게 여행할 수 있는 지역인 것 같았다. 그래서 가족에게 권하고 싶은 꿈의 나라, 요정의 나라, 동화 속의 나라라고 해도 과하지 않을 것 같다. 망설이다 떠난 동유럽 여행에서 귀국한 우리는 달라진 것이 생겼다. 즐겁게 하는 일은 힘들어도 피곤치 않다는 것을 경험했다. 더구나 서로 간에 다툼이 없어졌다. 여행은 할 만한 것이고 마음의 찌꺼기를 대청소하는 기회가 된 것 같다. 이렇게 행복해도 되는가 하는 마음이다. 이번 여행을 주선하고 여행쇼핑을 해주며 모자랑 구두 등을 챙겨준 아이들에게 감사한다. 애들이 떠나간 빈 둥지에도 봄이 온 것 같았다.

02 _ 문화의 벽을 넘으려면

》치앙마이

미지의 세계에 대한 호기심이 가득한 채로 떠난 출사였다. 자유여행이 아닌 패키지여행이었으나 지도교수의 안내로 여러 가지 경험을 하고 무사히 돌아올 수 있었다. 그동안 배운 이론을 바탕으로 우리 사진반원들은 이방지역을 탐방하면서 촬영할 수 있었다. 가는 곳마다 문화의 차이를 느끼는 여행이었다.

12월 3일(수요일)

3박 5일간의 짧은 여행이었다. 밤 비행기로 가고 오는 일정이어서 5일간의 낮 활동이 가능했다. 여행이란 새로운 것에 대한 도전이기도 하고, 자기성장의 기회이기도 하다. 유럽 다녀온 지 한 달도 채 되지 않았으나 사진반에서 학기 초부터 계획한 해외출사라 부득이하게 가야 했다. 일행 16명은 12월 3일 오후 5시 55분에 인천공항을 떠났다. 밤 10시경에 시가지 중심에 자리한 치앙마이 국제공항에 도착했다. 시내 한복판에 있는 공항이라 착륙 직전에 창밖으로 시가지 야경을 훤히 볼 수 있었다. 가로등 빛을 따라 펼쳐진 시가지의 야경은 황홀했다. 2시간의 시차라는 기내방송을 들으니 사진촬영에는 별 지장이 없을 것 같았다. 마중 나온 현지가이드의 안내로 준비된 버스로 이동하여 호텔 Chiang Mai Hill 2000에서 여장을 풀었다.

룸메이트는 이미 짜여 있어 선택의 여지가 없었다. 두 명이 한 조가 되어 지내야 했다. 그런데 정해진 룸메이트가 밤 12시가 넘도록 오지 않아서 잘 수가 없어 기다려야 했다. 자는 척하는데도 그때야 샤워를 하고 짐 정리하는 소리를 들었다. 직장에서 은퇴한 분인데 자기 위주로 생활하는 게 안타까웠다. 그래서 남과 여행할 때는 서로 배려하며 돕는 태도가 중요하다고 생각했다. 이튿날 옆방에 투숙했던 교수님은 내가 그렇게 한 줄로 알고 있었다. 여행지에서 룸메이트가 얼마나 중요한가를 절실히 깨우쳤다. 가족여행을 할 때는 서로 배려하며 도와주는 아름다운 마음이 있었다.

12월 4일(목요일)

이튿날 호텔에서 조식 후 치앙마이 전용버스로 코끼리학교인 매땡으로 이동하였다. 먼저 우마차 라이딩 체험을 하고나서, 코끼리 트래킹을 했다. 두 명씩 짝을 지어 코끼리 등에 올라타고 메콩 강 트레킹을 하며 신기한 체험을 했다. 우리를 태운 코끼리는 코로 물을 뿜어내며 시원케 했다. 실은 내가 한국에서 떠날 땐 영하의 날씨였고 감기 증세도 좀 있어 기침을 하기 시작했었다. 한데 이곳은 30도가 넘는 따뜻한 날씨여서 약을 먹지 않고도 나았다. 감기약 복용 없이 나은 것은 이번이 처음이었다.

메콩 강변 좌우엔 대나무 숲이 울창한 밀림지대였다. 대나무로 얼기설기 엮어 만든 뗏목 트레킹 체험을 할 땐 모처럼의 여유를 즐기며 한가로운 시간을 가지기도 했다. 유유히 흐르는 황토 빛깔의 강물은 마치 우리나라 홍수 때 흐르는 누런 물빛이었다. 좌우에 늘어진 나뭇가지와 땅밖으로 돌아난 커다란 나무뿌리들은 어마어마하게 컸다. 내 팔로 안으면 족히 다섯 아름은 되리라.

우린 나름대로 그동안 배우고 익힌 솜씨로 저마다 진기한 풍경들을 촬영하기에 바빴다. 땀을 뻘뻘 흘리며 어깨에 둘러멘 생수통에서 물을 연신 마시며 바쁘게 움직였다. 이동하면서 촬영하는 것은 생각보다 쉽지 않았다. 뗏목을 젓는 현지인 청년은 화장품 샘플이나 천 원을 주니 특별히 좋아했다.

육지에 오른 우리는 코끼리의 재롱을 즐겼다. 훌라후프 돌리기도 하고 축구 공놀이도 잘했다. 게다가 그림 그리는 솜씨가 나보다 나은 것 같았다. 풍경화에 나무 네 그루를 멋지게 색채로 그려서 관객들의 칭송을 받았다. 물론 코로 그렸다. 그새 몰려온 관중들 틈에서 나는 긴 코로 바나나를 받아먹기도 하고, 축구공을 코로 굴리거나 뒷발로 걷어차서 공중에 올리는 장면을 찍느라

몰두했다. 이날은 떠날 때 콘셉트대로 진기한 장면 몇 컷을 포착했기에 만족스러운 하루였다. 치앙마이로 이동하는 중에 점심은 현지식인 쌀국수로 했다.

우린 쌍태우를 타고 200km 정도 거리인 메사롱으로 이동했다. 우리가 가는 도이 메사롱은 해발 1,200m의 고산지대여서 길도 협소하고 일방통행이라 전용버스로 갈수 없었다. 교통수단은 쌍태우 2대로 8명씩 분승하여 탔다. 난생처음 타본 차량이다. 6·25 직후 내가 서울 유학시절에 청량리역에서 중앙선 기차를 타고 영주에서 내려 갈아타고 장성으로 다녔던 군용차 비슷한 쓰리코터보다 좀 컸다. 비좁은 차 한가운데는 여행가방들을 싣고, 양쪽에 4명씩 나무의자에 바짝 붙어 앉아서 오르막길을 두 시간 정도 달렸다. 드디어 고구려 민족의 후예로 추정된다는 고산족인 라후족 마을에 도착했다. 가로등도 없는 좀 으슥한 곳이지만 어둠 속을 뚫고 비탈진 언덕을 올라 Mae Salong Resort에서 투숙했다.

12월 5일(금요일)

새벽 5시에 일출 장면을 찍으러 칠흑 같은 어둠 속을 뚫고 굽이굽이 돌아서 가장 높은 산꼭대기까지 갔다. 하지만 구름이 가려서 일출시간을 놓치고 아쉬운 맘으로 돌아서야 했다. 뒤돌아보니 그새 날이 밝아 휘황찬란하게 금으로 입혀진 사찰 앞에 서 있었다. 정교하게 잘 지어진 커다란 사찰 앞에서 고산족 여인이 장신구를 파는 모습을 찍었다. 고유한 의상을 차려 입고 모자와 귀걸이로 예쁘게 단장한 앳된 여인의 모습에 정감이 갔다. 동틀 녘의 아침은 다소 쌀쌀했다. 추위에 약한 현지인 가이드 아가씨는 영하 날씨도 아닌데 겨

울장갑과 털모자를 썼다. 우린 추위에 단련된 터라 겨울옷이 별로여서 준비
해 간 옷을 꺼내서 입을 필요가 없었다. 내려오는 길에는 광활한 녹차 밭에서
현지인 고산족 가족들의 모습을 카메라에 담았다. 그들은 순수해 보였고, 사
진촬영에도 협조를 잘하며 포즈를 취했다. 언어는 달라도 미소 짓는 해맑은
모습은 호감이 갔다.

녹차 농사를 대대적으로 짓는
것을 보면서 중국여행 때 가는
곳마다 우롱차를 마시던 생각이
났다. 그들이 기름진 음식을 즐

겨 먹으면서도 우롱차를 마시기 때문에 다들 날씬하다고 했었다. 평소 커피
향에 취해 녹차를 잘 마시지 않던 내가 귀국하면 건강에 좋다는 녹차를 즐겨
마셔야 하지 않을까도 생각했다. 우리는 푸르고 싱싱하게 자란 녹차 밭에 카
메라를 들이대고 교수님의 지도를 받으면서 열심히 찍어댔다. 오후엔 하산하
여 미얀마에 가려고 급행수속을 마치고 타킬랙 다리를 지나 국경경비대를 통
과하였다. 중국사원에 들러 사원이 잘 세워진 모습을 두루 살피며 그들의 정
교한 건축 솜씨에 놀랐다. 거기서 코발트색 하늘을 이고 있는 사원을 배경으

로 하여 동료들을 위해 기념사진 몇 컷을 찍었다. 미얀마의 최대 국경시장인 타킬랙 관광과 쉐다곤 파고다 등을 관람했다.

다시 국경을 넘어와서 시가지에 이르니 번화하게 활기를 띤 모습이 있었다. 거리의 사람들 옷은 남루했고 조금은 초라해 보였다. 골목마다 걸인들이 구걸하는 모습을 보니 측은했다. 그러나 오토바이를 탄 남녀 젊은이들의 모습은 활기 있어 보였다. 하루에 두 번씩 민가에 탁발로 나온 승려들이 배회하는 모습이 보였다. 불교가 94%, 기독교가 4%이고, 기타 종교가 2%라던 말이 생각났다. 화려하게 꾸며진 절터와 요란하게 금물을 입힌 부처와 사원을 보며 그들의 위정자들은 뭘 했을까? 하는 의구심이 생겼다. 거리의 후미진 곳에서 구걸하는 걸인들의 행색을 보니 난감했다. 기독교 국가인 유럽은 정리정돈이 잘된 대리석 집을 짓고 문명생활을 하는데 어찌하여 여긴 이렇게 가난할까 하는 의문이 생겼다. 그 나라의 사회제도에 문제가 있다는 말도 있다.

12월 6일(토요일)

돌아오는 날은 마침 푸리폰 국왕의 생신이어서 금요일에서 일요일까지 3일간 국경일로 금주령이 내려져 술을 팔지 못하게 된 날이란다. 거리의 많은 사람들 중에 남자들은 노란색 티셔츠를 차려입고 나들이하느라 북적거렸다. 노란색 티셔츠는 국왕을 존경하는 마음의 표시라 했다. 국왕은 18세에 즉위하여 지금은 85세인데, 국민들이 아버지처럼 존경한다고 했다.

우리 일행 중 남자들은 불평을 했다. 맥주를 살 수가 없다는 것이다. "국왕

생일이면 술잔을 들고 축하주를 마셔야 하지 않는가?"라고 했다. 아무튼 그 토록 국왕을 존경하는 국민들은 그날을 성스럽고 경건하게 즐기며 가족끼리 명승지를 찾는다고 했다. 그래서인지 가는 곳마다 붐볐다. 국왕을 존경하는 일은 본받을 만하나 빈부격차가 심하고 초라한 집들을 보니 은근히 가슴에 분노가 치밀었다. 정치인들은 무얼 하느라 사찰만 화려하게 짓게 하고 이토록 거지가 우글거리는 나라가 되었을까? 달리는 차창 밖으로 보이는 것은 너와지붕과 슬레이트지붕, 양철지붕이 대부분이고 길거리는 간판이 현수막처럼 천으로 된 것이 많았다. 상호표시를 한 찢어진 천 조각이 바람에 펄럭였다. 가난해서 간판을 천으로 대신한단다. 간판이 그 나라의 민도와 삶의 질을 나타내는 게 아닌가 하는 생각을 하게 되었다.

일본식민지 생활에서 청구권 소송으로 피해보상을 받았을 때, 어떻게 사용했는가가 관건이라더니 이곳에 와보니 실감이 났다. 당시 필리핀, 베트남, 미얀마, 한국 등이 2차 대전의 보상금을 일본으로부터 받았을 때, 한국은 박정희 대통령이 중화학 공업에 투자하여 포철 등의 공장을 세워 경제대국의 기틀을 잡게 되었다. 이 사실을 알고 있는 나는 태국에 와서야 한국의 지도자들의 현명했음을 실감하고 고마웠다. 지금의 70대 이후의 어버이들이 굶주려 가며 허리띠를 졸라매면서도 자녀교육을 위해 전념하며 희생한 결과라고 생각하니 감사한 마음이었다. 6·25동란을 겪고 잿더미 위에서 조국건설을 위해 노력한 결과가 아니겠는가? 우리 부모님들에 대한 감사한 마음이 절로 났다.

나는 춘천 서울 간의 고속열차를 탈 때마다 이 땅의 젊은이들에 대한 찬사가 절로 난다. 바로 교육의 열매를 우리가 누리고 있다고 생각한다. 치앙마이 경치가 아무리 아름답고 기후도 따뜻하고 살기 좋다 해도 국민소득은 7,000$ 정도고, 빈부격차가 너무 심한 것은 안타까운 일이다. 가난은 싫다. 진저리가 나도록 대물림할 게 못 된다고 생각했다.

오후엔 고산시 지대의 5부족 마을을 둘러보았다. 자연 그대로 원시적인 미개한 삶을 살고 있었다. 자연은 아름답고 사람들은 순박해 보였다. 커피열매, 야자열매 등을 촬영했다. 소수민족 생활상을 촬영하면서 여인들이 가여웠다. 남편들이 사냥을 나가면 목이 긴 빠동족 여인들은 목에 4kg 정도의 황동 목걸이를 하고 일을 한단다. 40~50세가 되면 풀 수 없다고 한다. 미인의 가치가 무거운 목걸이라니 어이없다. 그러고도 물레질도 하고 예쁜 명주 스카프도 베틀에 앉아 짜고 있었다. 그것 하나도 팔아주지 못하고 온 것이 못내 아쉬웠다. 귀걸이가 특징인 빠롱족, 모자장식이 특징인 아카족, 목도리 붉은 털실이 특징인 야오족, 고구려 유민의 후예로 추정되는 라후족 등의 생활상을 촬영하면서 비참한 여인들의 모습에 연민의 정이 느껴졌다. 옛날 6·25동란 때 피난시절의 비참했던 삶이 생각났다. 그런데도 오두막집 방에 올라가 보니 TV가 있었다. 그 옆에는 십자가가 세워진 교회당이 있음을 처음으로 보았다. 가난한 고산족 마을

에도 하나님을 믿는 바람이 부는 것이라고 생각하니 반가웠다. 이곳에도 인간의 존엄성을 회복하고 동등하게 잘사는 하나님의 공의와 정의의 바람이 불었으면 한다. 이들이 이런 무지와 가난에서 벗어나는 길은 교육이라고 생각하게 되었다. 뜻 있는 지도자가 배출되면 이토록 가난한 삶을 살지는 않을 것 같았다.

기후가 따뜻해서 11월에서 2월까지 3개월 정도는 여유 있는 한국인들이 이곳에 와서 월세나 전세를 얻어 별장처럼 지내다가 간다고 했다. 봄이 되면 한국으로 돌아가는 사람들이 꽤 많다고 했다. 하긴 샌프란시스코 아우 집에 갔을 때 6개월은 거기서 지내고 한국으로 온다는 얘기가 있었다. 여긴 가까운 거리고, 사철 바나나가 열리고 망고나 파인애플, 푸사 등 열대과일이 무성하게 달리기에 배고픈 일은 없는 곳이다. 그러나 땅은 절대로 사고팔 수 없다. 사유재산이 인정되지 않고, 국가소유이기 때문이다.

태국에서는 한국 남자들이 인기란다. 결혼하면 가족을 위해서 경제적인 책임을 지기 때문이다. 태국 남자들은 게으르고 일하기 싫어하고 아이 둘을 낳고 힘들면 가정을 버리고 떠나가 버리고, 아내가 아이들을 책임을 지고 키운다. 그래서 한국 남성을 선호한 베트남 여인들이 한국에 시집 와서 다문화 가정을 이루고 열심히 사는 게 아닌가 하는 생각도 들었다. 정부 발표에 의하면 베트남 여인과 결혼한 가정이 4만 정도이고, 그 자녀가 3만 5천 정도라고 한다. 한국도 글로벌 시대에 부응하는 의식으로 발전하여 조화로운 국민이 되어야 행복한 나라가 되지 않을까?

오는 길에 도이 인탄 놀(Doi Inthan Nationa) 국립공원의 밀림지역을 답사했다. 해발 2,565m 고지이면서 아바타 촬영지인 밀림지대에 들어섰다. 태국에서 가장 높은 산에 있는 잘 정비된 산책로에서 앙카 산림욕을 하며 진기한 식물들을 카메라에 담았다. 거대한 씨리탄 폭포를 지나 와치라탄 폭포 앞에 몰려든 관광객들이 함성을 질렀다. 위대하고 장엄한 대자연의 놀라움에 감탄한 것이리라. 거기서 이동하여 태국의 최대의 수공예 단지인 싼캄행 민예마을을 견학했다. 옛날 왕궁에 비단을 납품하던 마을이기도 했다.

오후엔 메사이에서 쾌속정에 승선하여 메콩 강을 15분 정도 건너서 라오스 마을에 도착했다. 달리는 쾌속정에서 바라본 파란 하늘의 하얀 뭉게구름과 뱃머리 좌우에 부서지는 하얀 포말이 눈부신 태양과 어우러져 한 폭의 그림 같았다. 선착장을 지나 상점에 들르니 관광객을 위한 짝퉁 핸드백이 즐비하게 진열되어 있었다. 나는 출발할 때부터 쇼핑계획이 없었기에 한 바퀴 휘돌아 나왔다. 잠시 걷다 보니 4~5세 또래 어린이들이 벌거벗은 채로 모래부리에서 놀고 있었다. 누런 코를 얼마나 흘리고 있는지 가여운 생각이 들었다. 그들에게 가지고 있던 사탕을 주니 얼마나 좋아하던지! 라오스는 국민소득이 1,500$라더니 과연 가난한 나라가 되었음을 보여줌이 아닌가? 나는 우리나라 젊은이들이 불철주야로 각 분야에서 열심히 연구하고 노력한 결과를 누리면서 사는 것을 늘 감사하며 그런 자녀들을 키우신 부모님들에게 고마운 생각을 한다.

탑승 4시간 전에 우리는 치앙마이 칸톡 디너쇼를 관람하며 저녁식사를 했다. 세계에서 세 번째로 문을 연 나이트 사파리에서 촬영을 했다. 어두운 조명 아래 무대에서 전통춤을 추는 빠른 피사체를 야경에 촬영하는 것은 무척 어려운 작업이었다. 출발시간이 박두하자 우리 일행은 각국의 여행객들이 엄청 많이 모인 곳을 눈치껏 서둘러 빠져나와야 했다. 예정된 시간에 공항으로 이동하여 탑승했다.

12월 7일(일요일)

귀국하니 새벽 5시 55분이었다. 이번 출사를 통해 그동안 이론으로 배우고 익힌 사진기법들을 실제로 체험하면서 다양한 촬영을 할 수 있었다. 배우면서 새로운 길을 개척하며 산다는 것은 내 삶에 활력소를 주는 즐거운 일이다.

함께한 일행들이 조금은 부실한 나에게 가는 곳마다 팔짱을 끼고 함께 걸으며 도움을 많이 주었다. 나는 그들을 더 적극적으로 사랑해 주지 못한 것 같아 아쉬움이 남는다. 문화의 벽을 넘으려면 서로 도우며 배우고 깨우치는 교육의 배려가 있어야 되지 않을까 생각해 봤다.

03 _ 불러도 대답 없는 이름이여

　해마다 현충일이 되면 우리 가족은 동작동 국립묘지를 찾게 된다. 그이가 나와 인연이 되게 한 장본인이 바로 이곳에 고이 잠들어 있기 때문이다. 내가 못 잊어하는 아우다. 고3 때 보호자로서 경동중학교 시험 치는 교실 앞에서 개인지도 하던 알바생인 그를 만난 것이 인연이 되었다. 그때의 일로 알게 된 우린 8년 후에 결혼하였다. 말하자면 아우는 중매쟁이가 된 셈이다. 그런 아우는 가고 우리는 해마다 그를 못 잊어하며 현충일 전날인 6월 5일 오전에 이곳으로 찾아온다.

　그이와 50년을 살면서도 한결같이 잊지 못하는 내 아우다. 금년엔 메르스 바이러스로 인해 그곳에 가지 말자는 아들의 권유로 못 가는 대신 이 애도의 글을 쓰게 되었다.

　나는 지금 이 시간에도 지난 1966년 8월 1일 동작동 국립묘지에 안장된 아우를 생각하면 목이 멘다. 여름방학 때인가 보다. 한 통의 전보가 우리 가정을 송두리째 흔들어 놓았다. 바로 군대 간 아우의 순직 소식이었다. 전쟁도 아닌 평화 시에 군인이 죽는다는 걸 그때 처음 알았다. 어머니는 아들의 죽음을 듣자 기절하여 장례식에도 참석하지 못하셨다.

장남의 죽음이 어머니께는 엄청 큰 충격이었다. 어린 동생들은 가지 못하고 아버지를 모시고 우리 내외만 갔다. 영안실에 들어서니 온몸이 하얀 붕대로 감싸여 있는데 겨우 보이는 입술 언저리엔 마른 핏자국이 남아 있었다. 이런 아우를 대하니 앞이 캄캄했다. 그 펄펄 끓는 약관의 젊은 청년이 이렇게 비참한 모습으로 누워 있다니 도무지 믿을 수 없는 상황이었다.

원주 소재의 부대에서는 사인을 설명했다. 일요일 밤 12시에 야간훈련으로 40kg이나 되는 배낭을 짊어지고 M1총을 멘 채 장거리 도보훈련을 마치고 돌아오는 중에 부대 입구에서 절명했다는 것이다. 열사병으로 심장마비를 일으켰다는 것이다. 사인을 규명하느라 온몸을 찌르고 해부하여 엉망이 된 몸을 보일 수 없어서 하얀 붕대로 감은 것 같았다. 마지막 가는 그 잘생긴 얼굴도 볼 수 없었다. 내무반에 들어서니 아우가 사용하던 소지품도 없고 텅 빈 자리만 보였다. 거기서 약하게 보이는 사병 몇을 나란히 꿇어앉혀 놓고 소대장이 설명했다. "이렇게 약한 군인들도 죽지 않았다."고 했다. 당시 서울의 명문고를 나온 아우는 아이보리코스트로 외교관이 되어 나라와 민족을 위하여 일하겠다는 꿈을 키우고 있었다. 대학교 3학년 여름방학 때 ROTC 훈련 중에 순국했다.

나는 사단장에게 항의했다. 1학기 말 시험을 치르고 막 군문에 입대한 허약한 군인들에게 곤히 잠든 밤중에 그런 비상훈련이 가당키나 하냐고 했다. 재고해서 시정하라고 요청한 일이 있다. 그 후부터는 야간훈련이 시정이 되었다는 얘기가 들렸다. 뒷날 군의관을 경험했던 내 아들은 "삼촌이 앰뷸런스를 탔더라면 혹 살았을지도 모르겠다."고 했다. 숨지는 순간에도 허약한 동료의 장총까지 메고 기진하여 죽었다는 말을 들었다. 의협심이 강했던 내 아우의 최후를 난 잊을 수가 없다. 평소 운동을 즐기며 등산도 잘했고 신앙심도 남달랐다. 적십자 청소년단원으로 구제와 이웃돕기 활동도 잘하던 건장한 아우였다. 나와는 6년 차가 되는 해방둥이다.

아들이 귀한 집에 태어난 그는 부모님의 사랑을 독점했었다. "사람은 서울로 보내고 말은 제주도로 보낸다."는 옛말이 있듯이 그 동생을 초교 4학년 때 서울 중구에 있는 모 초등학교에 전학시켰다. 덕분에 장녀인 나는 동생의 몸종 비슷하게 숙부님 댁에 맡겨졌다. 삼촌 내외를 서울로 분가시키면서 동국대학교 앞 묵정동에 집을 옮겨주고 한 달에 쌀 한 가마니씩을 생활비조로 대주었다. 숙모님은 6·25 때 흥남부두에서 미군함정을 타고 홀로 피난을 오신 분이다. 공산주의 치하에서 견딜 수 없어 혈혈단신으로 오신 교사 출신이었다. 거제도에서 피난생활을 하시던 외로운 분이었다. 1·4후퇴 때 울산에서 삼촌과 만나 결혼하고 태백시 장성동 집으로 와서 함께 살았었다. 우린 부모님을 떠나 있어도 삼촌 내외의 극진한 정성으로 객지생활에 잘 적응할 수 있었다.

나는 서울의 명문 공립여고에 다니며 아우와 한 방을 쓰면서 서울 유학생활을 했다. 동생과 나는 보통 남매 사이가 아니었다. 어려서 집 떠나 공부하는 그를 각별하게 돌봤다. 이런 동생이 군 훈련 중에 유명을 달리하다니 실로 끔찍한 일이었다. 앞이 캄캄했다. 유품을 정리하다 보니 수첩마다 간단한 메모와 함께 중요한 일들이 빼곡하게 기록되어 있었다. 여자인 나도 그렇게 생활을 치밀하게 기록하지 못하는데…. 생각할수록 아까운 내 아우였다. 살아 있다면 참으로 큰일을 했을 것이라 생각하면 가슴이 저려오며 오열할 수밖에 없다. 그 많은 세월이 흘렀음에도 날이 갈수록 새록새록 생각나는 너를 누이는 잊을 수가 없구나! 동작동 현충원에 네가 안장된 날에 가련다.

졸업 후 중학교에서 교편생활을 하던 나는 임신 7개월이었다. 장례를 치를 때까지 아무것도 먹지 못했다. 그러나 며칠 굶은 나는 화장을 하고 장례를 치른 후에 냉면 한 그릇을 게눈 감추듯이 먹어치웠다. 인간의 식욕본능이 얼마나 무서운가를 그때서야 깨달았다. 그래서 "금강산도 식후경"이란 말이 생겼나 보다. 죽은 자를 생각하면 슬프지만 산 사람은 그런대로 사는가 보다. 아우의 대학에서 박술음 학장님이 오셔서 조사를 하셨고 전교생이 모금한 금일봉이 전해졌다. 그러나 아버님은 그 돈과 국가에서 나온 사금 전액을 학교 장학금으로 사용해 달라고 전부 기부했고, 연금을 용돈으로 쓰셨다. 약관에 죽은 아들이 산 자식들보다 더 효도한 셈이다. 작년엔 ROTC 4기생들 10여 명을 만나서 예배도 드리고 기념사진도 찍었다. 이젠 그 친구들도 70줄에 들어선 노익장들이었다.

남은 동생들은 어린 시절부터 어머니의 한을 풀어드리기나 하듯이 형이 못다 한 일을 위해 서울 유학을 고집하며 고교시절부터 나름대로 열의를 다하였다. 그들은 명문대를 졸업하고 세계 각처에 흩어져 각 분야에서 사계의 권위자로 공헌하고 있다.

하지만 어머니는 남은 자식들을 향해서 "다 찌꺼기만 남았다."고 늘 말씀하셨다. 죽은 맏아들을 못 잊어하시며 가슴에 묻고 못내 그리워하셨다. "차라리 깡패가 되어도 살아 있기만 하면 좋겠다."는 어머니의 한이 지금도 귀에 쟁쟁하다. 미국에 있는 두 아우와 한국에서 활동하는 아이들보다 먼저 간 장남을 끝내 못 잊어하셨다. 지금은 하늘나라에서 우리를 내려다보시려니 생각하고 앞으로 더 성실하게 살기를 바랄 뿐이다.

현충원은 나라와 민족의 평화와 안위를 위해 헌신하다가 순국한 영령들이 잠든 곳이다. 때가 되면 졸지에 아들을 잃은 부모님들, 남편을 보내고 애타하는 미망인들. 아빠를 잃은 철부지 자녀들, 형제간의 그리움을 안고 고인의 비석을 어루만지며 애통하는 모습이 점철되는 곳이다. "가장 귀중한 사랑의 가치는 희생과 헌신이다."라고 한 그라시안의 말을 되새기면서 나라를 위해 숨져간 영혼들이 쉬는 곳을 늘 아쉬워한다. 그간 쌓였던 애통한 사연을 쏟아놓으니 마음이 다소 후련해지는 것 같다.

04 _ 초원의 길, 몽골

미지의 세계에 대한 호기심과 설렘으로 몽골 여행길에 올랐다. 공항에서 만난 우리 일행은 한국가이드 없이 인천공항을 떠났다. 울란바토르에 소재한 칭기즈 칸 공항에 내리니 6시경으로 세 시간이 소요되었다. 6박 7일간의 여정을 마치고 즐거운 마음으로 돌아올 수 있기를 빌었다. 당초 예약할 때는 16명이었으나 메르스 사건으로 인해 인원이 절반으로 줄었다. 실은 이 나이에 몽골의 고비사막 여행이 다소 무리인 듯해서 망설였다. 하지만 동갑내기 친구와 룸메이트가 되어 함께 떠나니 가족들도 안심하는 듯했다. 우리 회원들은 세대 차가 좀 있었다. 어쩌다 보니 내 친구와 함께 가장 고령이었다. 24세부터 77세까지니 말이다. 하지만 젊은이들의 따뜻한 마음씨와 배려로 무사히 여정을 이어갈 수 있었다.

7월 11일에 공항에 도착하니 그곳 가이드가 나와서 VIP실로 안내하였다. 어수룩하고 조촐해 보이는 공항이지만 접대는 융숭했다. 여행사 사장님이 직접 마중하며 반겼다. 이는 연전에 가 있던 장 교수님의 섭외 덕분인 것 같았다. 지난날 디트로이트에 갈 때 사위 덕분에 비즈니스 석으로 가본 적은 있었으나 이렇게 공항 귀빈실에서 접대를 받기는 처음이었다. 그때 사환이 짐도 찾아다 앞에 놓았다. 칙사 대접을 받는 것 같아 차를 마시면서 어리둥절했다.

수도는 울란바토르이다. 러시아, 중국과 국경을 접하고 있다.
세계에서 인구밀도가 가장 낮은 나라 가운데 하나이지만 1950년대 이후

자연 인구증가율이 높다. 전형적인 대륙성 기후의 몽골은 평균고도가 해발 1,585m에 이르는 고지대 국가이다. 고지대 초원, 준사막, 사막으로 이루어져 있다. 13세기, 칭기즈 칸과 그의 후계자들은 중국 및 러시아, 중앙아시아 대부분을 포함하는 거대 제국을 통치했다. 이후 러시아와 중국의 지배를 번갈아 받아왔으나 1921년에 몽골은 중국으로부터 독립하였고, 이후 구소련의 지원을 받았다. 1990년 대 초반에 시장경제의 일부를 받아들이고 몽골의 민족성을 강조하면서 국제관계에서 중립적 입장을 취하고 있다.

몽골은 국토의 80%가 목초지로 이루어져 있어 방대한 가축 떼를 방목할 수 있다. 그 나머지 지역은 삼림과 황무지 사막이 반반이다. 아주 일부 지역에서만 농경이 가능하다. 몽골은 한반도의 7.5배나 되는 국토에 가축이 6천만 마리고, 인구는 3백만이란다. 교과서에서만 배워 알았던 고비사막을 직접 답사한다는 열망 때문에 포기하지 않고 오길 잘한 것 같았다.

이튿날 호텔식으로 조식을 마치고 두 차량에 분승하여 남 고비사막을 향해 8시 30분에 출발했다. 왕복 2,000km 이상 달려와야 하는 코스다. 첫날엔 480km를 가는 중에 출발하여 우리 일행은 처음엔 돌무덤 같은 깃대를 꼽고 푸른 바탕에 알록달록한 천을 매단 "어워"라 부르는 서낭당 같은 곳에 들렀다.

어워를 왼쪽으로 세 바퀴 돌며 무사여행을 기원한다고 했다. 아마도 샤머니즘에 기초한 티베트 종교의 영향인 것 같았다. 나는 속으로 안전여행을 위한 기도를 했다. 그러고 보니 높은 산꼭대기마다 세워진 뾰족한 탑 같은 것은 어워로서 그들의 안전을 기원하는 염원의 소치에서 비롯한 것이라 했다.

광대한 초원을 한없이 누비며 달렸다. 유럽이나 미주 여행 같은 아스팔트길이 아니어도 황량한 벌판의 자갈밭 길을 원주민 기사들은 잘도 달렸다. 끝없는 지평선을 달리다 보니 지구가 둥글다는 것을 실감할 수 있었다. 제주도가 바람이 많다더니 이곳도 그에 못지않다. 한국에 봄이면 불어오는 황사도 이곳 몽골에서 부는 바람이 일조하는 게 틀림없다고 생각했다. 미국 서부에서 동부로 5일간 횡단하던 때가 생각났다. 거기도 사막이었으나 이토록 세찬 바람과 먼지는 일지 않았다. 긴 스카프를 준비하게 한 이유를 알 것 같았다. 모자가 날아갈 뻔할때가 몇 번이었던가! 준비한 스카프로 머릴 꽁꽁 묶어야 했다. 동영상을 촬영하고 보니 세찬 바람소리가 더욱 요란하게 들렸다. 몽골하면 세찬 바람소리를 떠올릴 것 같았다.

오전엔 암각화가 그려진 곳에 들렀다. 바람이 어찌나 세게 부는지 황량한

벌판으로 날아갈 것만 같았다. 바위에 그림과 상형문자가 새겨져 있었다. 특이한 것은 사람도 짐승들처럼 꼬리가 달린 그림이 몇 군데 있었다. 얼마나 오래된 것인가를 짐작하면서 마치 고고학자가 된 기분이었다. 북쪽을 향해 달리는 광야는 가도 가도 끝없는 황량한 벌판이었다.

다음엔 차강수바르가라는 하얀 탑 지대였다. 그 계곡은 마치 미국의 그랜드 캐니언을 연상케 했다. 계곡은 그리 깊지는 않았다. 높이는 대략 70m 정도의 흙 바위 언덕이었다. 풍화작용으로 그 모양이 해마다 변해 가는 언덕이란다. 대자연의 모습에 심취하여 모두들 탄성을 질렀다. 버섯 모양의 탑들이 병풍처럼 둘러친 광활한 대지 위에 기묘한 모습들로 형성되었다. 대자연의 웅장한 모습이 한눈에 펼쳐진다. 일반 나그네들은 들르기가 어려운 장관이란다. 먼저 울란바토르에서 1년간 수고한 장 박사님이 특별히 안내한 곳이다.

저녁엔 Tsagaan suvarga 캠프에서 체크인을 했다. 게르는 몽골 전통가옥을 개조한 숙박시설이었다. 이곳엔 샤워실, 레스토랑, 수세식 화장실을 공동으로 갖춘 게스트하우스와 같은 곳이 별도로 있다. 게르에서 자다가 난생처음 보는 경험을 했다. 새벽에 나와 하늘을 보며 깜짝 놀랄 일을 체험했다. 짙은 남빛 하늘에 주먹만 한 별들이 곧 쏟아질 것 같은 장엄한 광경을 목격했다. 그때 어린 시절에 부르던 동요가 생각났다. "애들아 오너라. 별 따러 가자. 장대 들고 망태 들고 뒷동산으로. 뒷동산에 올라가 구름을 타고. 장대로 별을 따서 망태에 담자."라고 부르던 아주 오랜 동요였다.

　다음 날엔 별이 쏟아지는 광경을 촬영해야겠다고 생각하며 다시 들어와 잠을 청했다. 하지만 다음날부터는 바람과 구름으로 인해 그 아름답고 황홀한 밤하늘의 장엄한 경치는 볼 수가 없었다. 여행 중에 본 아름다운 광경은 놓치면 그만이라는 교훈을 얻었다. 아침에 사막에서는 보기 힘들다는 오아시스가 있는 곳으로 산책을 했다. 수천 년은 되었을 나무 몇 그루가 있었다. 나무껍질에 골이 주먹이 들어갈 정도로 푹파진 것을 보고 놀라워하며 사진을 찍었다. "하갈이 목말라 죽게 된 이스마엘을 차마 볼 수 없어 브엘세바 광야에서 소리 내어 우니 하갈의 눈을 밝히셨으므로 샘물을 보고 가죽부대에 물을 채워다가 그 아이에게 마시게 했다.(창21:19)"는 장면을 생각하니 새삼 물의 소중함을 느꼈다.

병마에 시달려 일곱 번이나 수술을 하고도 살아온 내 가슴도 저렇게 골이 푹 파진 것은 아닐까 생각했다. 거센 바람이 휘몰아치니 오아시스 호수의 물결이 파도처럼 넘실거린다. 사막에서 많은 사람들과 짐승들이 이 물을 먹고 생명을 이어갔을 것을 생각하니 새삼 물에 대한 고마운 생각이 들었다. 물은 생명의 근원이라고 했다. 물이 귀한 몽골에서 물 한 바가지로 1주일을 지냈다던 어느 선교사의 말이 생각났다. 앞으로 한국도 물 부족 국가가 되지 않으려고 4대강 사업을 한 대역사를 이룬 일은 잘한 것이라 이해가 되었다. 귀국하면 물 부족 국가가 되지 않게 아껴 써야지 하는 다짐을 했다. 거기를 떠날 때, 주인과 종업원들이 나와서 일렬로 서서 두 손을 모으고 작별인사를 공손히 하는 게 인상 깊었다. 다시는 볼 수 없는 나그네들에게 그토록 친절한 몽골 사람들을 뒤로하고 감사하며 떠났다.

끝없는 지평선을 뽀얀 먼지를 일으키며 달리다 보니 바다에 풍덩 빠질 것 같은 착각마저 들었다. 그때 장 박사님이 차를 세우고 보여준 게 있었다. 바로 '신기루'였다. 일행들은 아스라이 보이는 신비한 신기루를 보며 감탄사를 연발했다. 책에서만 봤던 신기루를 이렇게 직접 보다니 놀라웠다.

나는 스틸사진도 찍었지만 동영상으로 담아올 수 있어서 기뻤다. 이번 여행에서는 스틸사진보다 동영상 촬영을 목적으로 했기 때문에 밤마다 충전을 해야 했다. 하지만 돌아오는 길에선 충전이 부족해서 친구의 충전지를 빌려 쓰기도 했다.

계속 푸른 벌판을 달리다가 달란자드가드에 있는 조림기술센터로 안내됐다. 장 박사가 이곳에 와서 자문단의 일원으로 수고한 곳이다. 그는 Koica 중장기 자문단원으로 Adviser로 수고하고 마무리 단계에서 우리를 초대하여 안내를 하였다. 한국은 이곳에 2007년에서부터 2016년까지 10년간 몽골의 사막화 방지를 위해서 3,000Ha를 조림하는 사업을 추진하고 있는 중이라 했다. 그는 한국산림청 그린벨트사업단에서 자문담당자로 1년간 수고하고 있었다. 우린 척박한 사막의 광활한 땅을 푸른 초원으로 만드는 대단한 결과물을 직접 목격한 것이다. 일일이 나무뿌리마다 호수를 대고 물을 주는 것을 보았다. 미국 산호세에서는 가로수나 호텔, 가정의 화단에 스프링클러 시설로 자동으로 시간 맞춰 물 주던 것을 생각하며 몽골도 더 발전하면 그리 될 것이라 기대했다.

7월이지만 한국의 5월 초와 같은 푸른 벌판에서 자라기 시작한 풀잎들이 날로 푸르러 갔다. 가던 길을 잠시 멈추고 이제 막 자라기 시작한 풀들을 장 박사가 뜯었다. 그 맛은 달래 같기도 하고 부추 맛 같기도 한 풀이었다. 장 박사는 몽골의 짐승들이 즐겨 먹는 양식이라며 이곳 고기가 맛있는 이유가 이 풀 때문이라고 했다. 한 움큼을 뜯어 보여주는 덕에 매콤한 맛이 나는 풀을 모두들 뜯으며 쉬었다. 준비해 온 점심을 들판에서 먹으니 꿀맛이었다. 고기만 계속 먹어 느끼하여 식상하던 저녁식탁을 이 풀을 곁들이면 산뜻하게 먹으리라 기대하며 열심히들 뜯었다. 여기는 농사보다 목축을 전업으로 하기 때문에 야채와 과일이 귀한 곳이다. 방울토마토 몇 개와 오이가 고작 야채라고 상에 올릴 정도다. 한국의 풍성한 과일과 야채가 그리웠다. 한국의 식탁에는 얼마나 풍성한 과일과 야채들이 오르는가?

광대한 황야를 달리다가 길옆에 펼쳐진 특이한 노점상을 만나면 그 고장의 특산품도 구경하며 토산품을 사기도 했다. 나는 우리 손녀들을 줄 워낭방울 2개와 예쁜 게르 모형을 샀다. 재래시장에도 가보고, 장날 비슷한 행상들이 봉고차에 차려진 것도 보았다. 신기한 이방의 몽골 고유의상을 입은 모습과 생활 풍속을 보니 그들의 순수함에 정감이 갔다. 정육점에 진열된 다양한 고기를 보니 옛날 중국 연변의 노점상이 연상되기도 했다. 육류가 풍성한 것을 보니 과연 가축이 사람보다 많은 나라임을 실감했다.

드디어 고비사막에 도착하여 뜨거운 모래 위를 맨발로 오르기 시작했다. 곡선이 아름다운 고비사막을 올라가다가 중간쯤에 이르니 90도 각도로 매우 가팔랐다. 우리 몇은 3분의 1 정도에서 미끄러지지 않게 모래를 파고 누워 쉴 수 있었다. 산 너머에 간 일행들이 올 때까지. 청아한 푸른 하늘에 구름떼가 지날 땐 구름그늘이 드리우면서 서늘하기도 했다. 마치 냉장고에 누운 것같이 등짝도 시원했다. 책에서 읽고 알고 있던 고비사막을 이렇게 실제로 답사하다가 쉬고 있으니 감개무량했다.

낙타마을에서는 칭기즈 칸의 후예들이 게르 속에서 대가족으로 생활하는 모습을 보았다. 할아버지 할머니가 손녀를 무릎에 앉히고 뜨개질을 하고 있었다. 옆에서 아빠는 우유를 끓여서 수태차를 만들고 있었고, 엄만 낙타 타는 비용을 놓고 흥정을 했다. 드디어 우리는 잘 훈련된 낙타를 골라 타고, 한 시간 정도 광활한 고비사막을 멀리서 관망하며 사막 곡선의 아름다움을 바라보며 즐겼다. 낙타 봉 하나가 달려 있는 사하라사막의 낙타는 메르스라는 병원균을 옮겨 질병을 일으킨다고 했다. 하지만 여기 고비사막의 두 개의 봉이 있는 낙타는 문제될 게 없다는 것을 알고서는 안심했다. 안장에 올라앉아서 앞에 봉을 두 손으로 꼭 잡고 뒤의 봉에는 허리를 대니 든든하여 타기가 쉬웠다. 메르스 때문에 두려워서 오지 못한 일행들을 생각하니 안타깝기도 했다.

우린 이렇게 즐기는데….

오후에 고비솔트 호텔에서 중식을 마친 후 각자가 고른 말을 타고 얼음 골짜기라 불리는 율린암 계곡에 올라가니 아직도 얼음이 남아 있었다. 3월에 5미터나 있었던 얼음덩이가 남아 있었다. 우린 얼음 밑으로 흐르는 개울로 들어가 흐르는 물소리를 들으며 사진촬영도 하고 쉬다가 돌아 나왔다.

나는 난생처음으로 말을 타고 골짜기를 나오며 사방을 둘러보았다. 마상에서 보는 산등성이마다 누운 향나무가 여기저기 산재하고 있었다. 한국에서 초봄에 피는 노란색과 보라색의 개불알꽃 같은 야생화가 나그네를 맞아주는 듯했다. 다시 돌아서 울란바토르에 가기 전 우리가 톨 강을 끼고 형성된 신흥개발지역이라는 마을을 지날 때 게시판에 한글과 몽골어로 혼용된 "해충박멸"이란 포스터를 보니 반가웠다. 우중이라 차를 세울 수 없어 사진을 찍지 못한 게 아쉬웠다. 한국제품이 몽골에서 인정받고 있다는 인증 샷이 아니겠는가! 슈퍼에도 들르니 한국제품이 잘 팔린다고 가이드가 말했다.

톨 강변에 도착하자 모두들 강물에
돌팔매질을 하며 동심으로 돌아갔다.
승마를 위해 흥정하는 동안에, 누가
더 멀리 던져서 파문을 일으키는가를
내기라도 하는 것 같았다. 거기서 강을 자동차로 가로질러 건너가고, 말이
건너는 것도 보았다. 말을 타고 톨 강을 건너간 일행들이 오기까지 우리 몇은
맑은 물속에 비친 반영을 찍으며 울창한 숲길을 거닐었다. 몽골 남쪽에서 이
같이 수려한 풍경을 보니 피곤이 확 풀리고 사라지는 것 같았다.

테를지 공원은 경관이 수려했다. 병풍처럼 둘러친 바위산도 모두들 대단하
다고 감탄사를 연발했다. 이곳에서 운영되는 테를지 공원의 수련원은 전국구
란다. 식당에서 식성에 따라 주문할 때 허르헉이라는 염소요리와 수태차로
점심을 먹었다. 먹을 만했다. 나는 이방지역의 음식 먹는 것도 공부라고 생
각하며 열심히 먹었다. 비 개인 후에 떠오르는 운무에 가려진 거북바위를 배
경으로 사진도 찍었다. 게르 내부에 설치한 매점에서 토산품들을 둘러본 후
에 양털로 된 실내화 두 켤레를 사고 울란바토르로 향했다. 여행 중에 만난
토산품은 그곳을 지나면 살 수 없다는 것을 경험했다. 할 수만 있으면 기념품

은 작고 특이한 것을 골라 사랑스런 손자들에게 주려고 마음 썼다.

끝이 없어 보이는 대평원과 흙이 풍화작용으로 변모하는 차강스바르가의 탑, 암각화로 유구한 전통을 간직한 유서 깊은 곳, 낙타를 타고 관망했던 곡선이 아름다운 고비사막의 장엄한 풍광은 잊을 수 없을 것 같다. 특히 게르에서 자다가 한밤중에 소피보러 나갔다. 별이 쏟아질 것 같은 밤하늘을 보고 놀라워하던 순간의 체험은 오랜 기억으로 남을 것 같았다. 난생처음으로 말을 타고 달려간 욜린암의 얼음계곡, 테를지 공원의 장엄한 풍광 등도 잊을 수 없을 것이다. 고령에 찾은 몽골의 대평원에서 보고 경험한 것들은 추억의 한 귀퉁이에 오래 머물 것 같았다. 특히 자연에 순응하며 어울려져 순박하게 살아가는 몽골인들의 모습은 아름다운 추억으로 남을 것이다. 몽골은 자연으로 떠나는 여행이지만 순수한 사람을 만나는 여행이기도 했다. 친절하고 다정하고 고유풍속을 지키며 사는 마음이 따뜻한 사람들이 사는 곳이다. 그 광대한 땅과 무궁한 지하자원과 자유에 대한 염원을 안고 있는 나라라고 생각되었다.

지난날 세계를 제패했던 칭기즈 칸의 용기와 용맹의 흔적은 사라지고 있지만 열악한 환경에서도 순수함을 지닌 사람들의 진정성을 느낀 여행이었다. 공산주의 치하에서 이제 벗어나서 피폐한 상태로 사는 모습을 보니 이념의 차이가 대단함을 발견할 수 있었다. 사회주의 국가에서 이제 막 움트기 시작한 민주화의 꽃이 활짝 피기까지는 얼마나 많은 준비과정이 필요한 것일까? 정부는 국민을 향한 많은 숙제가 남아 있는 것 같았다.

가이드를 맡은 소라양은 관광학과에서 한국어를 잘 배워서 친절하게 소임을 잘 감당하는 젊은 엄마였다. 그 젊은이들의 순수한 열정을 보니, 지금 막 피어나는 꽃처럼 몽골도 활기차게 발전할 것 같았다. 강원대학교에도 고학하며 열심히 공부하는 몽골학생들이 많다고 했다. 바른 지도자들과 헌신적으로 연구하며 문명의 꽃을 피워야 할 막중한 책무를 가지고 있는 사람들이 살고 있는 이곳에 대한 기대를 가져본다.(2015. 7. 11~17)

05 _ 에델바이스 회원들과 하조대에서

모처럼의 여행을 하게 되니 잠을 설치다가 배낭을 메고 설레는 마음으로 나섰다. 각자 거처하는 서울에서 춘천에서 정한 시간에 하조대로 모였다. 다들 간편복으로 갖춰 입었다. 날씨는 좀 흐렸지만 비는 내리지 않았다. 회원들은 팔순을 바라보는 나이임에도 불구하고 하조대로 초가을 나들이를 나왔다. 대부분은 8·15해방의 기쁨을 안고 초등학교에 입학을 했었고 6·25사변을 겪었다. 어린 나이에도 전쟁의 두려움과 공포를 경험했었다. 자유와 평화가 얼마나 귀한지를 체험하며 성장했다. 5·16혁명과 더불어 교직생활을 시작했었고 국가관이 뚜렷한 애국심으로 교육에 최선을 다한 친구들이다.

그 지긋한 가난과 보릿고개를 통해 배고픔의 고통을 절감했었다. 농촌에서는 새마을운동에 앞장서서 쥐꼬리 모으기, 잔디 씨 받아오기와 농촌일손 돕기로 꼴을 베어 모아서 퇴비 만들기에도 일조를 했다. 또한 할미꽃뿌리 캐오기를 하여 화장실 구더기도 잡아야 했다. 방학이면 학생들과 함께 문맹퇴치운동에 앞장서서 문맹자가 없는 나라가 되는 데 솔선수범했다. 4·19의거를 거치면서도 사대 출신으로서 묵묵히 건전한 제자 양육에 정진했다. 박정희 대통령 시절엔 광화문 네거리에 1억$ 수출현수막을 보고 서로 축하하며 감격했었다. 교실에서는 점심시간이면 학생들의 도시락 검사를 하여 혼식 장려운동에 앞장서기도 했다. 개중에는 깡보리밥 위에 흰 쌀밥을 살짝 덮어씌운 학생도 있었다. 전쟁으로 인한 공포와 두려움 뒤에는 가난이 덮쳤기에 헤매던 시절을 겪었다.

그랬던 우리가 이렇게 잘살 수 있게 된 것을 감사하며 그 고통의 날들을 옛이야기로 돌리고 사는 것을 생각하면, 모두가 감사한 것뿐이다. 남녀차별이 심하던 때에 여자가 직업을 갖는 일은 참으로 감당하기 어려운 일이었다. 한 번은 신철원중학교에 전근을 가서 첫 월급을 받는 날이었다. 교무주임이라는 선생님이 "내가 여자와 똑같은 월급을 받는 것을 생각하면 밥이 안 먹힌다."라고 말하는 것을 듣고 깜짝 놀란 일이 있다. 선생님이란 직업을 가졌음에도 불구하고 고루하고 따분한 생각을 가지고 사는 남편의 가정은 안 봐도 비디오다. 얼마나 그 사모님이 힘들겠는가를 생각했다. 남녀차별이 은근히 심하던 때에 우리가 직장생활을 했다. 물론 힘으로는 남녀가 다소 차이가 날지는 몰라도 지혜나 정서적인 면에서는 동등하거나 더 우수한 점이 있을 것이라 생각한다. 우리 때는 여자가 직업을 가지면 팔자가 세다고 하면서 결혼하면 사표를 내는 경우가 비일비재했다. 하지만 누가 뭐라 해도 우리 동기들은 성실한 교직생활로 최선을 다했다. 퇴직하기까지 최선을 다하며 숨차게 살아온 회원들이다.

회원들은 다 직장생활을 통해 교장, 장학관의 역할을 잘 감당한 자랑스러운 친구들이다. 그 결과 지금은 다들 연금수혜자로 가정에 협조하며 아쉬움이 없이 살고 있다. 적어도 물질에 대한 스트레스는 받지 않고 살았던 행운녀들이다. 그동안 교직자로서 제자양육에 전념할 수 있었기에 부끄럽지 않은 삶을 영위하고 있다. 회원들은 엄마로서 자녀양육에 솔선수범한 자부심을 가지고 있다. 아내로서 내조하여 가정경제의 도움이 되었을 게다. 또한 우리 회원들 모두는 하나님을 섬기는 신앙인으로서 마음의 평안을 누리고 있으니 얼마나 감사한지 모른다. 이와 같이 사회인으로서 보람 있는 삶을 살 수 있었던 것은 하나님의 은혜인 줄로 믿는다. 이런 좋은 친구들을 주신 하나님께 진실로 감사를 드린다. 이번 여행은 별장을 제공한 친구네 집에서 일박을 하고 돌아왔다. 노년에 이처럼 서로 나누며 회포를 풀고 위로하며 살 수 있어 감사한다. 마음이 따뜻한 회원들은 서로 나누기를 즐긴다.

하조대 바위에 앉아 망망한 양양바다를 바라보며 저간의 삶을 반추하기도 했다. 실은 이토록 오붓하게 속마음을 털어놓을 기회가 별로 없었던 것 같다. 이번 모임에서는 저마다 저간에 겪었던 기막힌 사연들을 토로하며 격려하고 칭찬하며 서로 삶의 모습을 재발견하는 기회가 되었다. 나 자신부터 병고에 시달렸던 얘기며, 가정사의 어려웠던 얘기 등을 나눌 시간은 별로 없었다.

돌아오는 길에는 남은 삶은 이웃을 섬기며 보람된 삶을 살기로 마음먹었다. 이제부터는 멋지고 여유로운 삶을 살기를 소원하며 아름다운 추억을 뒤로하고 귀가했다.(2017. 9. 6~8)

06 _ 오키나와! 내 남편의 기억이 멈춘 곳

단풍이 곱게 물들어가는 시월 중순에 우리 가족은 오키나와 여행길에 나섰다. 가족여행이라 여행사에서 우대의 표시로 과분한 선물인 은수저 두 벌을 미리 보내왔다. 처음으로 3대가 함께 가는 여행이었다. 일행은 11명이었다. 두 시간 남짓 소요되는 비행시간이라 지루함도 없었다. 아들 내외가 연로한 우리 때문에 가까운 여행지를 찾다가 오키나와가 낙점된 것 같았다. 7월에 몽골에 다녀왔는데 또 가게 되니 다소 민망한 마음도 있었다. 이런저런 상념에 젖다 보니 벌써 나하공항에 도착했다. 말로만 듣던 휴양지답게 푸른 바다가 한눈에 들어왔다. 바다 빛깔이 에메랄드색이다. 이곳의 시월은 한국의 여름과 같았다.

목적지를 오키나와로 정하고 나니 그이가 옛 연인의 얘기를 해서 짓궂은 마음이 발동하여 "아빠의 옛 애인 찾으러 가자."며 기분 좋게 떠난 여행이었다. 그이가 카투사에서 복무하던 시절 오키나와에 전투훈련 차 머물렀을 때의 에피소드였다. 지금은 만도링이지만 그땐 호리호리한 체구에다 미끈한 미남 청년이었단다. 백화점 아가씨와 교제하고 그 집에 초대도 받았었고 서로 편지도 주고받은 사이라 했다. 그러고 보니 50년 전 그이 수첩에서 얼핏 보았던 사진 생각이 났다. 이목구비가 뚜렷했던 이국적인 여인이었던 같았다. 그런 얘기를 들려줄 때 "이번에 만나면 얼마나 좋겠는가?"라고 놀려대기도 했었다. 상기된 모습으로 옛날 얘기를 하는 그가 은근히 부러운 것을 보면 나도 이미 늙었음을 인정하는 것이리라.

 '여자는 정신적으로도 절대 순결을 지켜야 한다면서 딸을 키웠던 보수적인 내가 과연 바로 살아온 것일까?' 하는 의문이 들었다. 40 고개를 훌쩍 넘은 딸에게는 대학생 아들과 고3 딸이 있다. 그런 딸도 나처럼 낭만적인 추억이 하나 없는 삭막함이 엄습하고 있지는 않을까 하는 생각을 했다. 대학 졸업하던 해에 바로 결혼하여 남매를 키우는 딸이니 말이다. 누군가가 "인생은 편도뿐이다."라고 하지 않았던가. 왕복표가 없다는 것이다. 어찌하든 멋지고 보람되게 잘산다는 것은 어떤 것일까? 하루를 보람되게 열정을 다해 열심히 사는 게 중요하지 않겠는가! 그 하루들이 모이면 일생이 되니 말이다.

 이런 생각을 하는 동안 나하 시내 현지 식당에 도착했다. 오찬을 나눈 일행은 한 시간 동안 전용차로 달려서 대만을 향한 남쪽 바닷가 나루에서 글라스 보트를 탔다. 배 밑바닥이 유리로 된 곳을 통해서 산호초들과 열대어족들의 알록달록한 빛깔이 보였다. 현란한 열대어들의 빛깔을 본 우리 예지는 손뼉을 치며 즐거워했다. 하선하면서 우리는 자맥질하는 해녀들을 보기도 했다. 어린 예지는 모래톱에서 빛바랜 조개껍질을 모아 목걸이를 만든다며 좋아서 방방 뛰기도 했다. 땅거미가 짙어질 무렵 예약된 시간에 나하 시내 식당에서 철판구이 스테이크를 먹었다. 그때 셰프가 나와서 직접 묘기를 보이며 만찬을 즐기게 했다.

드디어 우리는 오키나와 차탄 리조트 힐튼호텔에서 여장을 풀었다. 3일간 머물면서 휴양 차 온 것이니 푹 쉬고 가자고 했다. 지난날의 여행은 가는 곳마다 잠자리가 바뀌기에 불편해서 수면제 반 알씩을 먹었는데, 이번엔 그냥 숙면을 취할 것이라 생각했다. 서울의 힐튼호텔은 오래된 건물이라 낡고 후지던데 이곳은 판이하다. 2014년 7월에 오픈한 곳으로 기다란 호텔엔 온천장, 풀장은 물론 세 개의 야외수영장과 스파시설 라운지 등을 이용할 수 있는 휴양처다운 휴식공간이 잘 되어 있었다. 이튿날 아름다운 차탄의 바닷가를 거닐며 동심에 잠기기도 했다. 우리는 바닷가에 자리한 카페 라운지에 앉아 시원한 음료를 마시며 태평양의 망망한 코발트색 바다를 바라보며 일본 땅과는 멀고 오히려 대만과 가까운 곳임을 알게 되었다. 오후엔 오키나와 국제거리에서 자유시간을 가졌다. 나라마다 특색 있게 다양한 설계와 컬러로 꾸며진 상점들이 즐비했다. 국제시장답게 구경거리가 많았다. 거리 좌우 길옆에는 각색의 하이스비스(하와이무궁화)가 하늘거렸다. 나하시청을 중심으로 길게 뻗어나간 시장을 배회했다. 군것질도 하며 아이쇼핑을 즐겼다.

　일본에 대한 지난날의 기억 때문에 가능하면 물건을 사지 않기로 했다. 1986년에 일본 언론기관과 긴키대학 등의 교육기관을 시찰하고, 일본거류민단 청사를 방문했을 때의 일이었다. 재일동포 주부들은 한국의 88올림픽을 기념하여 이동식 화장실 100개를 기증하기 위해 시장바구니에 300엔씩 모은다고 했다. 무궁화 어머니회 2대 회장으로서 단장인 내가 환영사에 이어 답사를 했었다. 설움 속에서 살면서도 서울 평화시장의 옷을 구입하여 국산품을 입는다는 알뜰함에 감동했었다. 40명의 방문단원들은 그들의 애국심에 대한 고마움에 감동받아 흐느껴 울었던 때가 생각나서 구경만 했다.

　토요일 오전엔 민속촌인 테마파크에서 민속춤과 체구가 자그마한 원주민들의 사는 모습을 보았다. 서둘러 거기를 나온 후에 오키나와 전통과자인 베니이모타르트라는 과자를 직접 만드는 체험시간도 가졌다. 각자가 만든 과자 상자에 이름까지 쓰고 하나씩 선물로 받아왔다. 오후에는 오키나와 국영기념공원에 갔는데 그곳에 있는 츄라우미 수족관의 거대한 시설에 놀라움을 금할 수 없었다. 1975년 오키나와 국제해양박람회가 열린 곳으로 유명하다. 4층 높이를 자랑하는 동양 최대의 수족관인 명소로서 많은 관광객을 부르고 있다. 산호바다, 열대어바다, 심해어 바다 등의 바닷 속을 잠수하는 듯이 신선한 체험을 하였다. 구경꾼들이 인산인해를 이루었다. 거기서 나온 우리는 에메랄드 바다를 배경으로 한 똑똑한 돌고래 쇼도 보고 즐겼었다.

이곳은 쌀 생산을 하지 않는다고 했다. 오키나와의 대표적인 특산물인 파인애플 공원에 들러 레일바이크를 타고 거대한 농장 견학을 했다. 시식도 하며 파인애플의 모든 것을 알 수 있었다. 호텔에 돌아온 다음에 10분 정도 거리에 있는 아메리칸 빌리지를 둘러보았다. 이곳은 육식보다 채소를 즐겨먹는 식문화가 발달한 장수촌으로 알려진 곳이다. 현지 식당에 들러 팔뚝만 한 레드 랍스터 요리로 저녁을 마치고 야경을 즐겼다. 백화점 앞에 홀리데이를 위한 거대한 호박장식 앞에서 기념촬영도 했다. 마지막 날엔 수리성을 방문하여 류큐왕국의 애환을 들었다. 일본에 예속되기까지의 억울한 사연을 들으며 우리나라가 일본식민지였던 36년간의 쓰라린 기억을 되뇌기도 했다. 고유한 전통의상을 입고 안내하는 그들의 친절과 정성에 공감하기도 했다. 정치, 경제, 문화가 고루 발전하는 것이 얼마나 소중한 것인가를 되새기는 기회가 되었다.

비록 짧은 여정이었으나 안정된 곳에서 편히 쉴 수 있는 휴양도시로는 손색이 없는 것 같다. 바쁜 일상에 시달리며 살아온 이웃들에게 권할 만한 곳이다. 나하 시내의 국제거리, 차탄 바닷가에서 바라본 에메랄드그린 색의 망망한 바다와 츄라우미 수족관의 거대한 시설에서 심해어의 신선한 체험, 파인애플 공원에 들러 레일바이크를 타고 거대한 농장 견학, 류큐 왕국의 애환, 호텔의 풀장에서 아빠와 오전 내내 수영을 배우며 즐기던 김예지! 가는 곳마다 방방 뛰며 즐거워하던 모습은 오래도록 기억에 남을 것 같다. 행여나 했던 옛 연인의 자취는 찾을 길 없었단다. 그이의 옛 연인에 대한 미련은 영원히 사라지고 아쉬운 마음으로 귀국했다.

07 _ 다시 찾은 고향 길에서

동서사방으로 흩어져 살았던 우리 5남매들은 수십 년 전 LA에 살던 여동생 집에서 만난 일이 있었다. 한창 혈기왕성한 젊은 날이었다. 무슨 일로 어떻게 만났는지는 기억이 아득하다. 품에 안긴 아기가 커서 목회자가 되었으니 말이다. 그때 찍은 기념사진이다. 나는 아마도 목회를 시작한 후의 선교여행이었던 같다.

◀LA 여동생 집에서
첫 모임 기념촬영

그로부터 많은 시간이 흘렀다. 저마다 주어진 일에 열정을 다해 열심히들 살았다. 그러나 디트로이트에서 목회를 하던 제부가 돌연 폐렴으로 소천을 했다. 뜻밖에 이별의 슬픔을 당한 아우를 위해 함께 위로여행을 하기로 했다.

시월 초 단풍이 물들기 시작하는 날에 귀국한 여동생들과 합류한 5남매는 드디어 그리워하던 옛 고향을 찾아 나섰다. 짝꿍들이 다 양보해 주고 순전히 우리 5남매들만 모여 어린 시절을 회고하며 다니기로 허용된 기간이었다. 그 동안 가지 못했던 곳, 가고 싶은 곳을 20여 일간 다니기로 한 것이다. 형제들이 사는 동네 주변의 명승지를 통해 우의를 돈독히 하자는 여행이었다. 한국에 거주하는 형제들의 집을 둘러보는 것으로 여행을 시작하였다. 먼저 고향인 태백부터 시작해서 속초, 설악과 대전 중심으로 남해안 전역을 여정으로 했다.

우리 집에 모여 1박한 후 고향을 향해 출발했다. 가는 도중에 횡성에 들렀다. 남동생의 친구 이사장이 경영하는 농장과 별장을 둘러보았다. 주말농장을 경영하는 친구다. 목·금·토는 농장에 내려와서 일하고 주말엔 상경하여 회사를 경영한다고 했다. 아담한 전원주택에서 직접 재배한 포도며 도마도와 블루베리 주스를 대접받고 잠시 쉬었다. 동생들은 그곳에 안주하고 싶다고 했지만 거기를 나와 맛집으로 이동했다. 횡성의 별미라는 송어회를 대접받으며 오찬을 나누었다. 식당 입구에서 오미자터널에 주렁주렁 빨갛게 달린 열매를 보며 가을이 영글어 감을 짐작했다.

우리가 정선을 지나는데 농악소리가 들렸다. 마침 '정선 아라리 축제' 기간이었다. 어린 시절 단옷날이면 농악에 맞춰 하는 별신굿을 보려고 따라다니곤 했었다. 농촌의 정겨운 농악소릴 들으니 옛 고향 같은 기분이 들었다. 축제장엔 감자로 만든 사일로 형상의 모형이 세워졌고 옥수수로 병풍 모양의 주점을 만든 곳도 있었다. 예스러움을 잠시 만끽하며 쉬어가기로 했다. 풍악을 울리며 춤추는 광경도 보고 장기자랑, 마술사의 재주를 즐겨보고, 여기저기를 기웃거리며 먹거리를 찾아 즐겼다. 뜻하지 않은 축제를 보며 기분전환을 했다. 갈 길이 급한 우리는 건축업자로 활약하는 제자가 예약했다는 OO리조트에 여장을 풀고 시내 식당에서 저녁을 먹으며 회포를 풀었다. 이미 60줄이 넘어선 할아버지 할머니가 된 그들과 50여 년 만에 만난 자리다. 황지연못 벤치에 앉아서 제자와 서로 담소하며 밤이 깊도록 얘기꽃을 피웠다.

이튿날 우리는 확 트이게 넓혀진 신작로를 달려 고향집부터 찾았다. 언덕에 올라 우리의 보금자리였던 옛 집을 바라보며 회한에 잠겼다. 탁구장이었던 2층은 라이브 카페인 "밤의 나라" 간판이 붙어 있었고 아래층은 식당으로 변해 있었다. 많은 세월 동안 집도 얼마나 변했는지! 제자의 말에 의하면 우리 집은 자손이 잘된 집이라 매매도 잘되었다고 했다. 하긴 나와 막낸 제외하곤 모두가 박사들이 되어 사회에 기여하는 바가 크다고 본다. 다들 사계의 권위자가 되어 인정받고 있다. 그러나 지금까지 우린 그 집터가 그리 좋은 줄을 몰랐다. 왜냐하면 그 집에서 자란 내 동생이 약관의 ROCT 4기로 순직하여 동작동 현충원에 안장되어 있기 때문이다. 당시 동생의 순직 소식을 들으신 어머니는 졸도하셔서 장례식에 가시지도 못했다. 나라의 소중함을 알면서도 장남을 잃은 슬픔은 충격이 되어 기절하게 만든 것이다.

아픈 기억을 안고 어린날 물지게를 지고 오르내리던 동산 언덕에 올라 우물 터를 찾았다. 그 우물터는 흔적도 없어졌고 소방도로가 넓게 나고 주변엔 집 들이 빽빽하게 들어서 있었다. 그 언덕을 내려오며 아버지께 뺨 맞던 때가 생 각났다. 6·25동란 후엔 수도가 없었다. 우물에 가서 바가지로 우물을 퍼서 양 동이에 담아 물지게로 물을 길어 나르던 때였다. 그날도 물 길으려고 장사진 을 치고 있는 줄에서 차례를 기다리고 앉아 있었다. 그때 느닷없이 아버지께 서 내게 오시더니 "동생이 우는데 여기서 뭘 하느냐?" 하시며 뺨을 후려치고 내려가셨다. 난 눈에서 불이 번쩍 나는 것 같았다. 뺨이 벌겋게 되도록 맞아 서 아픈 것보다 어린 나이에도 부끄러운 생각에 어쩔 줄을 몰라 했었다. 이것 이 맏이로 태어난 설움인 거라고 어금니를 물고 참아야 했었다. 그 후로는 맞 은 기억이 전혀 없다. 이제는 그 아버지도 그리움으로 남았지만.

그러고 보니 난 한 번도 혼자서 친구들과 홀가분하게 놀아본 기억이 없는 것 같다. 동생들이 책을 다 읽을 때마다 돈 50원씩 주었던 기억도 떠오른다. 동생들과 나는 9년이나 나이 차이가 났다. 막내와는 15년 차이다. 당시 집이 서점을 하니 읽을거리는 많았다. 훗날 그들은 누나 덕에 대학 가서 교양과목 은 쉬웠다고 했었다. 한국문학전집을 거의 읽었기 때문이었다. 가난하면서도 허리띠를 졸라매고 학비를 보내주시던 부모님이셨다. 아버지는 일제강점기 에 중학교까지 졸업하셨으나 어머니는 낫 놓고 기역 자도 모르시면서 자식들 뒷바라지만 허리가 휘도록 하셨다. 누구든지 의지만 있으면 아들딸 관계없

이 공부를 시키셨다. 부모님이 열심히 사시는 모습을 보며 자란 우리들은 너도 나도 질세라 다투어 가며 스스로 열심히 공부를 했었다. 특히 하늘나라에 있을 형의 몫까지 하려고 그 고교에 진학하여 의사가 된 동생이 있을 정도다. 흔히 장사꾼의 아이들이 똑똑하다는 말도 있다.

이런저런 상념에 잡혔던 우린 어린 시절 꿈의 요람이었던 장성중앙교회에서 예배를 드리기로 하고 교회 마당에 도착하였다. 내리지는 않고 자동차 안에서 KBS 방송국에서 다큐로 촬영한 〈미래기획 2030〉 중 내 아들이 호스피스 의사로 출연하여 〈암환자의 웰 다잉〉을 주제로 한 내용을 50분간 시청하였다. 그가 다섯 살 때 꿈의 요람이었던 곳, 삶의 기본을 익히던 곳인 교회 마당에서 그 다큐를 시청하니 40년 세월의 무상함을 느끼기도 했다.

이 교회 병설 야간중학교에서 4년간 봉사하던 때의 학생들 모습도 스쳐가며 궁금했다. 다들 장성하여 제 몫을 잘했을 것이다. 예배 후에 성가대원으로 활동하고 있는 제자를 만났다. 반색을 하며 반겼다. 이젠 60이 훨씬 넘은 할머니였다. 다 떠나갔는데 그녀만 교회의 터줏대감으로 남아 있었다. 반가웠다. 새롭게 잘 지어진 교회 앞에서 기념사진을 찍고 아쉬운 맘으로 헤어졌다.

거기를 떠난 우리는 2km 거리를 자전거를 타고 출퇴근하던 호암동 모퉁이를 돌아, 모교 교정에 서서 먼먼 추억의 뒤안길을 헤매기도 했다. 이젠 희끗희끗한 머리카락을 날리며 초로의 노인들이 된 아우들을 보니 대견하고 장하면서도 안쓰러운 맘이 들었다. 항암제 등의 약을 개발하는 이학박사가 된 동생에게 지금까지 궁금했던 것을 물었다.

"네가 중학교 때 실장을 하지 않겠다고 울면서 교실 밖으로 뛰쳐나왔던 이유가 뭐였어?"

"남의 앞에 서는 일은 불안하고 부담스러워서 실장보다 부실장을 수락했어."

동생은 직장에서도 앞서는 것을 기피한 적이 많았단다. 그러나 지금은 아니라고 했다. 화학연구소를 은퇴한 후에도 명예연구원으로 2021년까지 일할 수 있단다. 그 외에도 제약회사와 의약화학, 전자화학에도 기여하고 있다고 했다. 이렇게 연구기관의 고문으로 자문을 하면서 퇴직 후에도 회사에 필요하면 얼마든지 돕는다고 했다.

　우리는 추억의 갈피에서 옛이야기를 두루 나누며 교정을 거닐었다. 우리 형제들이 중학교는 시골에서 공부했지만 고등학교는 6남매 모두가 서울 유학을 했다. 누나와 형이 유학했는데 우리도 당연하다면서 다투어 서울로 가서 공부한 것이다. 입주 가정교사로 기숙사로 전전하면서 면학에 힘썼다. 그러다 보니 맏이의 역할이 집안을 일으키는 원동력이 된 것은 아닐까 하는 생각이 문득 들었다. 우리 형제들은 부모님이 학비만 겨우 보냈고 나머지는 알바로 자수성가한 셈이다. 어린 시절부터 강훈련을 하면서 역경을 거친 것이 삶의 큰 원동력이 되었을 것 같다. 그러나 이 모든 것은 어머니의 끈질긴 기도 덕이다. "믿음은 바라는 것들의 실상이요 보이지 않는 것들의 증거니."라는 말씀을 믿으며 간절히 기도한 열매라고 생각되었다. 14년간 근무했던 모교의 교정을 뒤로하고 구문소에 가서 역사박물관을 관람했다. 즐비하게 진열된 박제와 화석류, 암각화도 보며 인류의 발자취를 더듬기도 했었다. 벌, 나비 넘나드는 코스모스 꽃밭에서 동심으로 돌아간 우리들은 온갖 얘기를 나누고 새로운 기분으로 정동진을 향해 발길을 돌렸다. 거기에 또 다른 동생이 우리를 기다리고 있기 때문이다.

속초항에 도착하니 어둠이 짙을 무렵이었다. 아바이 마을에서 쪽배를 타고 속초 중앙시장에 들렀다. 시장 구경하는 것도 재미있었다. 호떡이랑 몇 가지 군것질을 하고 식당에 들러 늦은 저녁을 했다. 병원 하는 동생이 저녁을 담당하고 호텔도 예약했다. 우리는 돌아가면서 살고 있는 지역의 사람이 군것질과 숙식을 담당하였다. 그저 묵시적으로 그렇게 되었다. 사실 우리 집에서도 그렇게 하고 있다. 우리 동네 오면 우리가 비용을 담당하고 있다. 비용이래야 먹거리와 기름값 정도다. 아들네 가면 그렇게 한다.

정동진을 거쳐 백담사에 들렀다. 고즈넉한 석양의 강가는 또 다른 느낌이 들었다. 단풍이 물들기 시작하는 계곡의 물소리가 더욱 애틋하게 들렸다. 강가에 쌓인 돌탑들에겐 많은 사연들이 담겼을 것 같다. 이 탑을 쌓는 이마다 정성과 함께 염원도 담겼으리라. 뭔가 기도하는 마음이었을 게다. 사찰을 둘러보며 이육사의 시구를 읽었다. 아련한 향수 같은 느낌이 들었다. 호텔에 들러 일박 후 설악산 신흥사를 찾았으나 가을비가 우리 걸음을 멈추게 했다. 저마다 살기에 문주했던 우리 형제들이 이렇게 함께 다닌 것은 처음이었다. 공부할 때는 동생들이 서울에 올라갔었고, 나는 귀향하여 교직에 있었기 때문이다. 졸업 후에는 서로 직장 일에 적응하느라 바빴었다. 두 여동생들은 이민생활 하느라 바빴었다. 평생 처음으로 이런 기회가 주어졌기에 밤새는 줄 모르고 얘기 보따리를 풀었다.

이번 여행을 위해 후원해 주고 격려해준 올케들과 남편들에게 고맙게 생각한다. 비록 우리 동생의 슬픈 마음을 덜어주기 위한 여행이었지만 그간에 밀린 회포를 쏟아놓고 동심으로 돌아온 발걸음은 전에 없이 가벼웠다. 옆지기들의 세심한 배려는 잊히지 않을 것이다. 이번 여행 중에 처음부터 끝까지 운전하며 시간을 내준 우리 남동생들도 그 수고와 노고를 잊지 않을 것이다. 우리 조카들이랑 2세들도 고맙다. 여행은 역시 내 마음을 정화시키며 새 힘과 용기를 불러일으키는 촉매 역할을 한다고 생각한다. 이제 남은 날들을 주님과 동행하며 건강하고 행복한 삶이 지속되기를 바라는 마음 간절하다.

08 _ 후쿠오카의 풍광

　이번 여행은 휴식차 떠나는 여행이라 했다. 자유여행이라 택시, 이층버스, 특급열차 등을 타니 일본인들과 접촉할 기회가 많았다. 그들의 문화를 피부로 느낄 수 있었던 기회도 겸한 느긋한 여행이었다. 초가을의 상큼한 공기를 마시며 우리를 데리러 온 아들의 가족과 함께 하루 전날 일산으로 갔다. 여름에 예약한 여행을 하기 위해서다. 아버지가 피곤해하실 것 같아서 모시러 왔다는 것이다. 하룻밤을 아들네 집에서 자고 전처럼 간단한 여행쇼핑을 했다.

　다음 날 인천국제공항에서 12시 30분에 출발하여 목적지인 후쿠오카 공항에 13시 40분에 도착하니 한 시간 남짓 소요되는 제주도처럼 가까운 거리였다. 인터넷으로 미리 예약된 호텔과 음식점, 볼거리 등을 정했단다. 그저 따라가기만 하면 되었다. 떠나면서 "이번 여행의 포커스는 아빠에게 맞춘 것"이라고 아들이 말했다. 아마도 연로한 아빠를 배려한 마음에서이리라. 관광이 아니라 휴양차 떠나는 거라고 했다. 어쨌건 난 가슴 설레면서 출발했다. 지난날 일본은 선교차 여러 차례 다니던 곳이었으나 내게도 '휴양'이라는 거창한 이름을 달고 출발한 여행이라 흐뭇한 기분이 들었다.

　날마다 다람쥐 쳇바퀴 돌 듯 하던 기계적인 삶에서 벗어난 생활이 내게도 주어지다니 다소 흥분도 되었다. 비록 3박 4일의 짧은 기간이었지만 이런 기회가 온 것이 꿈만 같았다. 부유한 사람들이나 즐긴다는 휴양지로 가는 것이다. 그이와 난 그저 묵묵히 따르기만 하면 되는 것이었다. 몇 년 전 그이 팔순 기념으로 동유럽 여행을 갈 때가 생각났다. 12가족이 함께한 가족여행은 패키지여행이라 시간에 쫓기면서 다녔었다. 어느새 그이는 장거리 비행시간을 꺼리게 되었다. 누군가의 글에서 "여행은 가슴 떨릴 때 하는 것이지 다리가 떨릴 때는 아니다."라던 말이 생각났다.

공항에서 택시로 이동하여 하카타역으로 가서 내일 갈 벳부행 소닉트레인 특급열차 왕복권을 사고 Hotel nikko fukuoka에 여장을 풀었다. 시내 구경을 간단히 했다. 특이하게 우리의 시선을 끌었던 것은 시청 맞은편 높은 건물 오른쪽 벽 전체가 층층이 울창한 나무숲으로 경사지게 장식된 점이었다.

우린 그 앞에서 기념사진을 박았다. 시청 앞에서 저녁 6시에 출발하는 후쿠오카타워 코스로 오픈 탑 버스에 승차했다. 한 시간 정도 시내를 한 바퀴 돌며 야경을 즐겼다. 어둠이 짙게 깔린 밤하늘에 비치는 야경을 말이다. 현란하게 장식된 빌딩들의 화려한 광경을 보며 동심으로 돌아갔다. 예약했던 씨푸드 식당에 가서 30분 더 기다렸다가 일식요리 맛을 즐겼다. 아들이 지난번 학회 참가차 와서 먹었던 음식을 맛보이고 싶었던 모양이었다. 소문난 맛집이라 예약 손님들이 꾸역꾸역 줄을 지었다. 여행은 "입이 즐겁고 눈이 호강하고 마음이 명쾌해지는 것"이라더니 바로 이를 두고 한 말인가 보다. 시내 번화가로 돌아오는 길에 보이는 휘황찬란한 밤거리는 나그네를 유혹하는 식당과 유흥가의 간판이 즐비했었다.

둘째 날엔 호텔 뷔페로 조식을 마치고 예매했던 하카타역에서 벳부행 소닉 트레인에 승차하였다. 춘천에서 출발하는 용산행 ITX 청춘열차보다는 못했지만 한쪽 코너에 커다란 여행 백을 놓을 수 있었던 것은 편리했다. 손님 중엔 컴퓨터를 무릎에 놓고 진지하게 일하는 모습들이 보였다. 의자 뒷면 전체에는 후쿠오카 시내 지도가 인쇄되어 있어서 나그네들에게 편리를 제공하는 친절한 문화를 읽을 수 있었다. 한국에도 9호선 전철 경로석 벽에 전철노선도가 게시되어 있어 노인들이 일어서는 불편 없이 고개만 돌리면 볼 수 있어 고마워했던 것이 생각났다. 차창 밖으로 바다를 끼고 스쳐가는 농촌의 황금 벌판은 평화로워 보였다. 트랙터로 추수하기 시작하는 한국의 농촌이 오버랩됐다. 그들은 마음껏 평화를 누리고 있는 것 같았다. 우리나라도 분단의 아픔이 끝나고 평화롭게 사는 날이 속히 오기를 기원했다.

두 시간 10분 정도 소요되니 벳부역이었다. 관광센터에서 내일 구경할 아프리칸 사파리 패키지 표를 예매했다. 10분마다 다닌다는 호텔 셔틀버스로 스기노이 호텔에 도착했다. 룸에는 자유롭게 골라 입을 수 있는 유카타와 슬리퍼가 가지런히 놓여 있었다. 손님의 취향대로 선택하여 입고 룸키만 들고 다니면 호텔 내부 어디나 통과할 수 있었다. 다다미방과 침대방이 함께 있어 아들 내외와 교대로 잤다. 다다미방을 보니 그 옛날 일제강점기하에서 지내던 생각이 났다.

　또한 1986년에 전국 새마을 어머니 회장 40명을 인솔하고 단장으로 갔던 때도 생각났다. 방문단인 우리는 중외일보에서 오찬, 긴키대학에서의 만찬, 유치원 등지의 각종 기관을 일주일간 방문하였었다. 그때 한국과 문화의 괴리가 엄청남을 발견하고 놀랐던 일이 있었다. 특히 여러 나라들을 전시한 곳에서 초라하게 전시해 놨던 한국관의 시설들을 보며 모멸감을 느꼈었다. 일본 해수탕을 처음하고 3층 다다미방에서 유카다를 입고 다도를 익혔었다. 한국이 오늘의 현실에 머물러 있는 것이 그네들 때문이라고 속으로 원망도 했었다. 지금은 자유민주주의 사회에서 허리끈 졸라매고 교육시킨 보람을 가는 곳마다 느낀다. 한국에서도 계단 대신 엘리베이터나 에스컬레이터 시설을 이용할 때면 각 분야에서 뜨거운 열정으로 열심히 일하는 한국의 역군들에게 감사하는 마음이 든다. 애국이 따로 없다고 생각한다. 자기가 맡은 분야에서 최선을 다해 성실히 일하는 것이라고 생각한다.

우린 호텔의 노천온천을 즐기며 이틀간 머물렀다. 4층 계단식으로 설계된 대형 노천탕은 많은 관광객을 유치할 정도로 깨끗하고 정갈한 분위기였다. 알카리성 온천이라 피부를 깨끗하게 한다더니 과연 그랬다. 내 눈 밑에 쥐젖 같은 좁쌀만 한 것들이 있었다. 돌아오는 길에 보니 흔적도 없이 사라졌다. 그 외에도 아쿠아가든이나 분수 쇼, 놀이기구, 당구장 등 다양한 시설로 관광객들에게 편리를 제공하고 있었다. 우린 주로 4층 계단식으로 된 노천탕을 오르내리며 파란 하늘을 바라보며 즐겼다. 또한 5명 정도 사용할 수 있는 통나무탕을 이용하기도 했다. 그런데 사우나탕에 들어 갈 수가 없었던 게 아쉬움으로 남았다. 할머니가 혈압이 높으니 사우나를 하면 안 된다는 얘길 아빠에게서 들은 손녀가 따라다니며 감시감독을 철저히 했다. 3분씩 3번만 즐겨하는 것이 내가 하던 습관이었는데 그것을 즐기지 못했었다. 유리문 앞 밖에 서서 팔로 가위표를 하며 연신 나오라고 팬터마임을 하는 것같이 만류했던 것이다.

사우나 실은 사방이 잘 보이는 전망 좋은 호텔 왼편 끝 야외에 유리창으로 설치되어 있었다. 이튿날 새벽녘에 사우나 실에서 힘차게 쏘옥 올라오는 해 뜨는 영상은 말로 형언할 수 없이 아름다웠다. 미리 알았더라면 그 황홀한 광경을 촬영했을 텐데 하는 아쉬움이 남았다. 이번 여행에서 가장 기억에 남을 것 같았다. 호텔 안에서는 세계 각국의 식당과 요리코너가 배설되었다. 자유자재로 아무데서나 골라 먹는 음식축제라 할 정도로 다양했었다. 독특한 음식들을 먹을 때 중창단들이 흥을 돋우어 주는 서비스도 다양했다. 유럽이나 미국에선 팁 문화가 관례이나 일본은 그렇지 않았다.

셋째 날에 아프리칸 사파리에 가서 코끼리 모양의 버스로 된 사파리 정글 버스에 승차하고 45분 정도 넓은 들판을 다니며 먹이를 주었다. 사자나 낙타 등의 큰 야생의 동물들에게 유치원생인 손녀는 먹이를 집게로 열심히 먹여 주는 용감함을 보였다. 일본유치원 어린이들도 많이 와서 체험 학습하는 모습도 있었다. 어린이 때부터 담대하고 강한 기개를 키우는 모습은 일본도 비슷한 것 같았다. 우리 예지는 나귀도 타고 사자새끼를 안아보기도 했다. 다시 호텔에 복귀하는 길에 보니 왼편 산 밑의 민가에서도 온천의 수증기가 파이프 굴뚝으로 뭉게구름처럼 피어올랐다. 각 가정집에도 온천탕이 있다고 했다. 스기나이 호텔로 돌아온 후 다시 온천욕을 즐기고 저녁엔 야외에서 야간 분수 쇼를 관람했다.

마지막 날엔 호텔에서 조식 후 11시에 출발하여 지하철로 공항에 도착하였다. 택시기사나 버스기사들이 반백의 흰 머리카락을 날리며 친절했던 모습, 아프리칸 사파리에서 쓰레기를 주우며 미소 지우며 다가오던 아주머니의 친절한 모습, 지나다니는 이들의 밝고 다정했던 모습들은 쉬이 잊힐 것 같지 않았다. 그들의 상냥한 말솜씨와 부드러운 미소는 인상에 남는다. 난생 처음으로 휴양여행을 하니 마음의 찌꺼기를 말끔히 씻어낸 듯하다. 상쾌하고 홀가분한 기분이 들었다. 일본은 아직도 정신적으로 배울 점이 많은 나라라는 생각이 들었다. (2016. 10. 16~20)

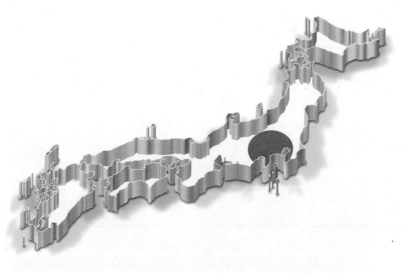

09 _ 김예지 입학식 날에

따스한 기운이 감도는 화창한 날에 사랑하는 손녀 예지 입학식 날이 다가왔다. 유치원 졸업식을 마치더니 초등학교 입학식을 한다. 우리는 양일초등학교 정문에서 예지 외할아버지를 만났다. 부모가 벽보에 게시된 반 배정표를 확인했다. 배정된 9반 담임선생님께 인사하고 강당에서 입학식을 기다렸다. 왁자지껄 시끄러운 가운데 한참을 기다렸다. 이윽고 교장 배순정 선생님이 환영사와 양일초등학교 이름에 대한 유래를 설명했다. 덕양구의 양자와 일산시의 일자를 합쳐서 양일초등학교라고 이름 지었다고 설명하셨다. 각반의 담임선생님들의 소개와, 학교에서는 "행복합니다!"로 인사한다고 말씀하셨다. 가슴에 손을 얹고 태극기에 대한 경례하는 모습이 진지했다. 이 어린이들이 힘차고 씩씩하게 성장하는 평화로운 대한민국이 되길 염원했다. 까만 눈망울 굴리며 진지하게 듣는 예지가 더욱 귀엽고 사랑스러웠다. 6학년 선배들이 마중 나와 손잡고 각 반으로 안내해서 교실에 들어갔다. 착하고 귀엽게 생긴 남자친구와 짝이 되어 담임선생님의 지시를 경청하는 모습이 자못 진지해 보였다.

딸아이가 낳은 외손자들은 초등학교에서 대학에 들어갈 때도 다 참석했었다. 물론 유치원 졸업식 때나 행사 때에도 갔었다. 그때는 우리가 젊었었다. 하지만 지금은 팔십이 넘어서 그이랑 다니는 게 다소 겸연쩍다. 우린 부부교사여서 아이들의 입학식에도 잘 가질 못했다. 다른 사람의 손에 맡겨야 했다. 그래서인지 손자손녀들 입학식엔 빠지지 않고 다닌 것 같다. 외손자 대학입학식도 물어서 챙기고 함께 가서 축하해 주고 기뻐했다. 이번에도 아들이 우리가 힘들어할 것 같아서 입학식 날짜를 알려주지 않아서 자원해 물어서 갔다. 입학식 날이 되자 새벽부터 서둘러 와도 두 시간이 이상 소요됐다. 춘천에서 일산까지 ITX로 왔다. 와보니 역시 오길 잘한 것 같다. 우린 기념사진을 찍고 오늘의 주인공이 원하는 대로 중식당 차우첸에서 오찬을 나눴다.

예의바르고 지혜로운 아이가 되라고 '예지'라 이름 지었다. 이름처럼 착하고 슬기롭게 자라기를 바라며 귀가했다. 귀여운 예지야! 사랑한다. 오늘 하루는 기쁘고 즐거웠다. 지난날 입학식이면 학생들에게 오리엔테이션 하던 때가 오버랩 되기도 한 뜻 깊은 날이었다. 교직에 있을 때와 이렇게 학부형의 입장에 와서 아이의 장래를 꿈꾸며 앞으로 그 꿈을 이루기 위해 부단히 노력할 것을 상상하며 격려할 수 있다는 게 얼마나 감사한지 모른다. 우리 예지가 할 일을 그려보며 한 폭의 수채화를 끝낸 기분이 들기도 했다. 교실이며 도서관, 특별실들을 두루 살펴보는 재미도 쏠쏠했다. 특히 짝꿍과 나란히 앉아 선생님의 지시사항을 경청하는 태도를 지켜보며 "앞으로 수업시간은 안 봐도 비디오다."라고 생각했다. 흐뭇해하는 그이와 오면서 앞으로 우리가 예지 졸업식에 오기는 어려울 거라며 아쉬운 맘으로 귀가했다. (2017. 3. 2)

10 _ 꽃비 맞으며 거닐던 화개장터

　우린 오랜만에 열차여행을 신청했다. 겨우내 추위로 움츠리고 있던 때라 벚꽃 피는 따뜻한 남쪽으로 봄나들이를 가기 위해서다. 이른 새벽 춘천역에 승용차를 주차한 후 5시 25분에 출발하는 코레일 관광열차에 올랐다. 모처럼 떠나는 여행이라 수학여행 떠나는 학생시절처럼 잠을 설쳤다. 지인이 알려준 대로 열차 중앙이 좋은 자리라 했는데 예약된 좌석이 29-30호석이어서 사방을 둘러보기에 적당한 자리였다. 차량 8대 중 4호 차량에선 커피 등의 음료수를 마시며 차창 밖에 펼쳐지는 풍광을 관망할 수 있어 좋았다. 이윽고 열차는 화 장터에 도착했다. 대기하고 있던 관광버스에 우리도 몸을 싣고 다니기 시작했다.

　4월 4일은 벚꽃이 만발한 시기여서 모처럼 즐거운 여행을 할 수 있었다. 구름한 점 없는 청아한 날씨였다. 쌍계사를 향한 벚꽃길이 4km라 했다. 꽃비를 맞으며 낭만의 길을 걸으리라는 상상을 하니 마음이 설레었다. 하지만 우리 내외는 걷다가 되돌아올 수밖에 없었다. 젊은이들과는 도저히 보조를 같이할 수가 없었다. 팔순이 넘은 그이와 함께 걷는 것은 역시 무리인 듯싶었다.

　출출해진 우리는 어느 순경아저씨의 안내로 섬진강의 명물이란 재첩국 맛을보고자 식당에 들어갔다. 하지만 그 진국의 맛은 보지 못하고 나와야 했다. 그 고장의 진미를 맛보지 못한 채 아쉬움을 안고서. 관광객을 위한 명물 맛집 운영을 자신 있게 할 수 있는 그 고장의 전문 음식점이 게시되어 있으면 좋을 것 같은 생각이 들었다. 나그네를 위한 특별한 전통음식점을 지정하는 행정이 이루어지면 편리하겠다는 생각을 했다.

점심식사 후에 화개장터를 기웃거리며 이리저리 한 바퀴 돌았다. 3년 전에 들렀을 때와는 변모된 모습이었다. 그때는 화재가 나기 전이라 재래시장 모습 그대로여서 향수 같은 그리움이 있었다. 지금은 화재로 소실된 그 자리에 새롭게 정리된 모습으로 단장하여 완전히 변모되어 있었다. 초가집이 고풍스런 기와집으로 바뀌었고, 정자 옆 화단도 팬지 등의 봄꽃들로 예쁘게 단장되었다. 2층으로 된 높은 정자 위엔 나그네들이 벚꽃들의 행렬을 관망할 수 있도록 조성되었다. 즐비하게 들어선 상점의 물건들을 여기저기 기웃거리며 구경했다. 옹기그릇이 진열된 후면 돌담 위에 흐드러지게 핀 벚꽃나무 아래서 기념사진을 찍었다. 드디어 쌍계사 가는 십리 길을 꽃비를 맞으며 걷고자 다리를 건넜다. 그러나 먼저 다녀오는 젊은 팀들을 만나게 되어 되돌아서야 했다. 상상했던 꽃길을 뒤로한 채 아쉬움을 달래며 일행의 대열에 합류했다.

화개장터를 나오는 버스 속에서 가로수로 많이 핀 벚꽃을 뒤로하고 남원을 향해 40여 분을 달렸다. 남원 경회루에 들러 그 옛날 춘향과 이몽룡의 얘길 나누며 연못에서 노니는 비단잉어를 카메라에 담았다. 남원의 재래시장과 기념품 상점을 둘러보고 귀갓길에 올랐다. 젊은 날에도 여러 번 들렀던 곳이지만 황혼길에 돌아본 여행은 뭔가 아쉬움과 그리움이 교차하였다. 남원역 앞에서 기념사진을 찍는 심정이 씁쓸했다. 이젠 단체여행보다 나이에 걸맞은 여유로운 여행을 할 때임을 느끼고 돌아왔다. 달리는 버스 속에서 창밖에 흐드러지게 펴서 바람에 흩날리는 꽃비 내리던 날의 아름다운 풍광은 잊을 수가 없을 것 같다.

PART 3

기행문 Ⅱ

PART 3
기행문 II

11 _ 명절단상

눈발이 내리는 혹한의 추위 속에서도 사랑하는 아들네 가족이 온다는 소식
이 왔다. 명절음식을 장만하지 못하게 하는 아들이어서 그이는 "애들이 오기
전에 서두르자."고 했다. 미리 해놓은 음식은 맛이 덜하기 때문에 오면 바로
먹을 수 있게 식재료 준비를 다 마쳐야 했다. 하지만 이젠 예전처럼 동작이 날
렵하지 못하다. 마음뿐이지 몸이 굼뜬 것은 사실이다.

아이들이 좋아하는 엄마표 녹두전이랑 갈비찜, 산적, 나물 등의 기본재료
준비를 마쳤다. 그때 과일상자랑 선물을 잔뜩 들고 아들네 가족이 예상보다
일찍 도착했다. 왁자지껄하면서 음식 만드느라 분주했다. 난 옛날처럼 강정을
만들었다. 들깨에다 땅콩, 잣, 호두, 아몬드 등 견과류를 섞어 만든 수제강정
은 인기가 있어 맛있게들 먹었다. 녹두전이랑 산적을 붙이는 냄새가 온 집 안

에 퍼지니 모처럼 명절 기분이 들었다. 아이들이 어릴 때 만들던 기억이 새롭다. 송편이나 만두를 빚던 때가 말이다. 그러나 이제는 나이 든 엄마가 하는 음식은 '절대 사절'이라던 아들의 강경한 만류가 있었다. 그래서 명절마다 국내외 명승지를 찾아 여행을 다닌 지가 십여 년이 되는 것 같다. 그런데 이번 설엔 여행계획이 없어 모처럼 옛 솜씨를 발휘하여 명절음식을 마련했다.

사실 나는 아이들이 어릴 때부터 명절에 걸맞은 음식을 해먹였었다. 어머니께서 하시던 대로 배운 음식을 말이다. 단오의 수리취떡이나 동지의 팥죽, 추석의 송편을 빚어 명절마다 전통음식을 먹이면서 우리의 고유한 풍속을 전하고자 하는 자부심을 은근히 가지고 살았다. 내 어머니는 비단옷을 손수 지어 입히셨다. 그 옷을 입은 우리는 비단옷을 만족해하며 즐거웠다. 그런 옷에 대한 기쁨은 못 주더라도 고유의 음식문화는 물려주고 싶었다. 내 어린 시절엔 맏이인 내게는 남색 웃동치마에 연분홍저고리를 만들어 입히셨고, 동생들에겐 색동저고리에 조끼를 받쳐 입히시고 흐뭇해하시던 어머니셨다. 우리들이 비단옷을 입고 기뻐하던 모습을 보시고 즐거워하시던 어머니가 그리워지기도 하는 게 명절인 성싶다. 나는 직장생활을 하는 중에도 내 아이들에게 즐거운 추억을 만들어주고 싶어서 명절음식은 빠뜨리지 않았다.

지난 성탄절에는 음식을 장만했다가 아들에게 심하게 핀잔을 들었었다. 간소하게 하지 않았다면서 민망할 정도로 아들의 노여움과 꾸중이 대단했었다. 며느리와 어린 손녀 앞에서 듣기에 민망할 정도로 무안했다. 그래도 아들 앞이라 아무 말도 못했다. 아들의 체면을 생각해서 꾹 참아야 했다. 그 좋아하던 갈비찜이나 녹두전에 수저도 대지 않고 그냥 가버려서 우리 내외만 며칠을 두고 먹었었다. 물론 연로한 엄마가 음식 장만하는 것이 힘들다고 염려해서 그랬을 것을 안다.

하지만 이번 명절엔 달랐다. "엄마 고집을 아무도 못 말리니깐 이젠 하고 싶어 하실 때 기꺼이 도와 드리겠다."면서 일찍 온 그들이다. 힘은 좀 들었지만 딸네와 아들네에게 명절음식을 고루 싸 보내고 나니 마음이 홀가분했다. 몸은 좀 고단하나 흐뭇한 이 기분을 무엇과 바꿀 수 있으랴! 평소에도 외식을 즐겨하지 않는 나는 역시 직접 만들어 먹는 음식이 딱 맞다. 훗날 내 기운이 다 쇠하여 남의 손에서 얻어먹을 날이 올 것을 생각하니 눈시울에 이슬이 고였다. 사실 주부는 가족의 건강을 책임지고 알뜰히 살림을 한다는 자부심을 갖고 있지 않은가! 지금까지 주부의 자존심을 걸고 주방을 드나들던 내가 아닌가! 나이를 먹으니 주방 일에 더욱 애착이 드는 것은 왜 일까? 그러나 몸이 잘 따라주지 않는 것은 사실이다. 남편의 나이 팔순을 넘겼고, 나도 그 뒤를 따르는 정도가 되었으니 아이들이 음식을 못 하게 하는 것도 수긍이 된다. 하지만 내 솜씨로 마음껏 해먹이고 싶었다. 그전처럼 말이다. 며느리가 우리 집 음식문화에 익숙하게 될 때까지는 해야 하지 않을까 싶다. 하지만 멀리 떨어져 살다가 명절에 와서 음식하는 것으로는 부지하세월(不知何歲月)인 것을. 설거지만 하고 가는 입장이니 말이다.

이번 음력설로 음식 마련하는 것도 끝내야 할 것 같다. 다음부터는 아이들이 하자는 대로 해야 할 것 같다. 사실 이젠 남의 손에서 해주는 대로 먹어야 할 나이가 되었음을 인정하기는 좀 억울하다. 하지만 먹는 음식에서만 고유 명절의 전통을 전수할 게 아니라 놀이문화를 이어주는 일에 마음 써야 할 것 같다. 이번 성탄절에 다녀가면서 "내년 구정엔 양양 솔비치 콘도로 2박3일간 예약했다."고 했다. 장소는 꼭 집이 아니어도 좋다. 어디서든지 윷놀이, 제기차기, 팽이치기, 연날리기 등의 전통놀이를 전수해야겠다. 또한 평소 익힌 악기 연주나 재능을 발휘할 수 있는 기회를 가지는 것도 좋을 것 같다. 새로운 이벤트를 개발하여 상품을 푸짐하게 걸어두고 아름다운 추억을 만들어주는 명절이 되도록 방향전환을 함이 어떨까? 명절이면 전통음식을 해먹던 고정관념에서 벗어나 가족의 화목을 위해 즐거운 명절을 맞이하고 보내야 될 것 같다. 그리해서 가족애가 돈독해진다면 얼마나 좋을까? 외식문화에 길들여진 아이들을 감안한다면 저들의 사양함도 인정해야 할 것 같다.

12 _ 새벽을 달리는 여자

처음 발령받고 임지에 부임하던 날은 따뜻한 봄날이었다. 1980년 4월 1일 자로 교감 승진 발령을 받았다. 교감 시험제도 2기생으로 내 나이 마흔이었다. 문막중·고등학교는 남녀공학이었다. 중·고교에 각각 교감이 따로 분리되었다. 나는 중학교 신규 교감으로 부임했다. 이호직 교장선생님은 퇴직을 앞둔 연로한 분이셨다. 춘천에서 원주를 지나 문막중학교로 출근하기 위해 나는 새벽 5시에 출발하는 첫 버스를 타야 했다. 그때는 지금보다 교통이 많이 불편했다. 도로도 비포장이어서 자갈밭 길이었다. 그런 가운데 덜컹거리며 새벽마다 출근했었다. 택시를 타면 도로가 엉망이어서 머리가 차 천장에 닿았다가 내려올 정도였다.

봄 소풍을 가는 날이었다. 교장선생님과 함께 자전거로 소풍 가는 행렬을 따라갔을 때다. 진달래 개나리가 어우러져 피었다. 문막 근교 변두리를 지날 때 어느 여학생 어머니를 만나게 되었다. 늙수그레한 시골 아낙이었다. 처음 보는 내 손을 꼭 잡고 고맙다고 인사를 거듭했다. "새로 오신 교감선생님이 보고 싶어서 나와 기다렸다."고 했다. 내 손을 꼭 잡은 그 어머니는 거친 손을 놓을 줄 모르고 이런저런 얘기를 했다. 그 중에 고마운 이야기는 바로 딸아이가 변했다는 것이었다. 전에는 말썽만 부리고 공부를 잘 하지 않았었는데 지금은 몰라보게 열심히 한다고 했다. 그 이유인즉 "나도 여자지만 우리 교감선생님처럼 되고 싶다."며 밤새워 공부를 한다고 했다. "내가 지금은 비록 농촌에 살면서 여자라서 대우받지 못하지만 우리 교감선생님처럼 되고 싶다."며 꿈이 있는 아이로 변신했단다. 꿈이 생기고 희망이 있으면 아무리 힘들어도 즐거워지는 맛을 체득한 딸인가 보다 했다. 그래서 너무너무 고맙다고 했던 그 어머니의 순수한 교육열이 생각났다.

실은 내가 사범대학을 택했던 이유 중 하나는 시골 아이들에게 꿈을 심어주기 위해서였다. 시골에서 중학교를 나오고 서울 유학을 고집하며 상경했던 것도 꿈을 키우기 위해서였다. 시골에서 남녀공학을 다니는 것보다 순수한 여학교를 가기 위한 욕심도 있었다. 그래서 서울 5대 공립여학교 중 하나였던 무학여고를 택해서 진학했었다. 1955년도는 서울이 수복된 후 얼마 되지 않은 터라 서울 시내 집들이 대포 자리, 총구멍 자리들로 숭숭 뚫린 담벼락들이 많았다. 휴전협정이 1953년도였으니 미처 재건할 틈도 없었을 때였다.

충무로 4가에 살고 계신 삼촌네 집으로 초등학교 4학년생인 해방둥이 아우와 함께 상경했었다. 안타깝게도 비명에 순국한 아우가 그립다. 남아선호사상 때문에 부모님은 어찌하든 맏아들을 훌륭하게 키우고 싶어서 나를 보모 겸 돌보미로 함께 유학길에 오르게 하셨다. 하지만 아이보리코스트에서 외교관 일을 하겠다며 꿈을 키웠던 동생은 원주 38사단에서 훈련 중에 심장마비로 소천하고 말았다. 그 충격으로 인해 어머니는 졸도하셨고 나도 7개월 된 아이를 조산하였다. 스트레스가 얼마나 무서운 충격인가를 경험했다. 어머니는 가슴에 묻은 장남 생각에 평생을 한으로 사셨다.

6남매의 맏이였던 나는 대성통곡하시는 부모님 앞에 그저 죄인이었다. 그때 가정교사였던 분이 지금 내 남편이기도 하다. 아우가 경동중학교 시험 치는 양지 바른 교실 추녀 밑에서 우린 처음 만났다. 서울대학교 마크가 감색 유니폼 왼쪽 가슴에 붙어 있을 때 무척 멋지게 보였었다. 내가 고등학교 3학년이었던 때였다. 그로부터 8년 후에 경남에서 근무하던 그와 혼인하여 도 전출로 강원도로 전입해 왔다. 부부교사로 같은 중·고등학교에서 근무하다가 춘천에 와서 그인 교육위원회 장학관으로, 난 강원교육연구원 연구사로 근무하며 교직생활을 전전하다가 마무리했다.

남매를 키우면서도 새벽이면 기저귀를 삶아 빨아서 햇볕에 널어 말리려고 둘이서 직접 빨랫줄에 널고 난 후 출근을 하곤 했다. 물론 가정부가 있었지만 직접 우리가 해야만 직성이 풀렸다. 유별나게 정갈하게 아이들을 키웠던 우리다. 하지만 원치 않은 병마로 인해 교직생활을 접은 나는 연합성총신대학원을 나오고 교역자로 전향했다. 서울대학병원에서 여러 번 받은 수술 후유증으로 장 유착이 되었다. 50여 일을 링거로만 살다가 신촌감리교 이봉조 권사님의 기도로 가스가 나오기 시작하자 바로 퇴원했다.

그 이후로 내 삶의 방향이 바뀌었다. 신학대학원을 나온 후 목회생활이 시작이었다. 새벽기도부터 강훈련으로 이어졌다. 부원장 직함으로 활동하던 때였다. 언젠가 광주기도원에서 새벽예배를 인도하고 급히 서울로 와야만 했었다. 그날은 신학대학원 졸업시험을 치르는 날이었다. 광주 부원장이었던 한국체육대학교 이교수의 도움으로 광주비행장에서 첫 비행기로 서울에 와서 시험을 무사히 치르고 졸업한 일도 있다. 물론 교역자 생활을 하며 새벽예배를 인도하던 터라 새벽활동은 내게 아주 익숙한 일상이 되었다.

그런데 난 지금도 새벽을 달리는 버릇을 이어가고 있다. 은퇴한 지금도 한 달에 한 번씩 세종포럼에 참석하느라 5시 전철을 타고 서울 조찬모임에 다녀오곤 한다. 모교인 세종대학교에서 주관하는 모임이다. 그이 나이가 84세이고 나도 그 뒤를 따르는 팔순이다. 새벽 5시 전철을 탈 수 있게 하려고 4시 30분이면 손수 운전하여 춘천역에 데려다준다. 게다가 용돈 5만 원씩 주면서 말이다. 이렇게 돈 주며 운전해 주는 남편이 어디에 또 있을까? 내가 직접 운전하고 다녀온다 해도 막무가내다. 퇴직 후에 할 일 없어 나를 데려다주고 하는 것이 당신의 행복이라고 했다. 그러니 이 행복을 빼앗지 말아달라며 계속 그 일을 한다고 고집이다.

강원대학교평생교육원 수필반에서 야간수업을 할 때도 그랬었다. 뿐만 아니라 난 지금 서울 병원에 주 2회를 다녀올 때도 새벽차를 이용하고 있다. 그래야만 하루 일과를 충실히 할 것 같아서다. 서울 다녀오는 것이 일상이 되었다. 그때마다 주는 용돈을 고맙다고 인사하며 기분 좋게 받고 다녀와서 점심을 같이한다. 그이가 테니스를 즐겨하는 시간 외에 이렇게 하는 것도 우리의 일상이 되고 있다. 그 옛날 자가용이 없을 때도 그이 자전거 뒤에 매달려 타고 출근을 하곤 했었다. 우린 신철원중·고교에 잠깐 근무하던 때에도 주말이면 새벽에 자전거하이킹도 하고 산정호수랑 삼부연폭포 등 인근 명승지를 두루 섭렵하기도 했었다. 그저 묵묵히 서로 도우며 살아온 부부다. 새벽이든 어느 시간에도 개의치 않고 흔쾌히 함께 해주는 남편이 늘 내 옆에 있어 나는 감사하고 행복하다.

13 _ 빗속에서도 소임을 다하는 연꽃

　해마다 7월 초순이 되면 아기연, 수연, 홍연 등의 연꽃이 피기 시작한다. 우리 내외는 이른 아침부터 서둘러 부지런을 피웠다. 늘 하던 대로 그이가 운전을 했다. 10시 전에 도착 예정으로 건넌들을 향해 출발했다. 모처럼 장마가 그친 것 같아 그이랑 함께 가서 빗속에서도 소임을 다하여 피고 있는 홍연을 카메라에 담았다. 건넌들은 평화의 나라 같았다. 아기연이 여기저기 옹기종기 모여 예쁘게 솜씨 자랑을 하듯 피었다. 앙증스럽게 피어 우리를 반기는 듯했다. 부지런한 수연들도 다정하게 머리를 맞대고 환하게 웃고 있었다. 아래로 더 내려가니 발그레한 홍연이 하나 둘 피기 시작했다. 한참 예쁜 연꽃에 심취하여 찍고 있는데 검은 구름이 몰려오고 있었다. 날씨가 흐려지기 시작하더니 비가 내리기 시작했다. 하지만 비도 맞아 가며 설레는 맘으로 예쁘게 피는 홍연을 카메라에 담기 시작했다. 먹구름이 몰려오더니 빗줄기가 내리기 시작했다. 소낙비가 쏟아지는가 싶더니 그칠 것 같지 않았다. 우리는 아쉬운 맘으로 재촉하여 집을 향해 돌아올 수밖에 없었다.

　군부대를 지나오는 도중 신포중학교 앞쯤에서 승용차가 추돌되어 대형사고가 난 끔찍한 참상을 목격했다. 그토록 자연은 아름다운 꽃을 피워 사람의 마

음을 기쁘게 하는데, 사람은 부주의하여 끔찍한 사고가 났는지 안타까웠다. 빗길 운전은 눈길보다 어렵다는 얘길 들었기에 조심스레 운전하고 집에도착하니 비가 그쳤다. 아열대성 기후라더니 스콜처럼 내리는 비라서 날씨는 다시 밝아졌다. 금년엔 비가 너무 오랫동안 와서 농작물에 피해가 많을 것 같아 걱정이다. 농민들의 가슴이 얼마나 오그라들까! 비 그만 오기를….

비바람이 불어도 소나기가 와도 연꽃들은 그 모든 어려움을 감내하고 꿋꿋하게 소임을 다하여 아름답게 피어 사람을 기쁘게 하듯이, 나도 어려워도 힘들어도 미소 지으며 이웃들에게 기쁨의 꽃처럼 환하게 웃으며 살아야겠다고 다짐했다.

14 _ 영의 소욕을 따라

방태산 계곡, 2011년 11월 24일 새벽길에

늦가을의 정취도 사라지고 첫추위가 엄습해 오는 새벽길을 걸었다. 대관령에는 얼음이 얼었다는 보도가 있는 새벽이다. 협심증으로 스턴트 시술을 한후에 이젠 산책해도 되겠지 하며 뺨이 얼어붙는 것같이 추운데도 아파트 산책로를 두 바퀴나 돌아왔다. 한 바퀴 도는 데 15분 정도 소요된다. 평소대로 세 바퀴째 더 돌려고 왼쪽 발을 돌리는 순간… 아뿔싸! 오른쪽으로 몸이 넘어지면서 오른쪽 뺨이 땅에 부딪혔다. 낙엽처럼 뒹굴고 나니 눈에서 불이 번쩍나는 것같이 아찔했다. 눈이 부어올라 눈탱이가 밤탱이 되는 순간이다. 나는다시 일어나 발걸음을 옮겨 집으로 돌아왔다. '이젠 그만 걸어야 하지 않을까하는 생각이 들 때 멈췄더라면 얼마나 좋았을꼬?' 하는 생각을 했다. 처음 생각이 성령께서 인도하심인데도 불구하고 조금만 더 걷자고 하는 미련한 욕심이 문제였다. 절제 못 하는 고집이 센 나를 잘 아시는 성령하나님께서 혈전제를 복용해야 사는 내가 추위에 더 머물면 혈관이 터진다는 사실을 깨우치시는 순간이다. 바로 뇌경색이나 심근경색으로 되는 것을 깨우치시는 하나님이시다. 이런 내게 사랑의 매를 드신 거라고 생각하니 감사하는 마음이 들면

서 평안해졌다. 무지몽매하고 자기중심적인 삶을 버리지 못한 나를 깨우치시는 주님의 사랑에 그저 감사할 뿐이다. 거울 앞에서 괴물같이 부어오른 내 얼굴을 보니 아픔은 고사하고 부끄러운 생각과 함께 수치심이 솟는다. 눈탱이가 밤탱이가 아니고 뺨이 밤탱이가 되어 삽시간에 부어오르기 시작하니 주먹만 하게 불어났다. 괴물처럼 부어오르는 모습을 보니, 지난날 동생이 왼쪽 얼굴을 데었을 때 얼마나 충격이었을까 하는 생각이 들었다. 그 고통을 통해 훈련시키고 주의 종의 길을 가게 하신 하나님의 섭리를 다시 생각했다. 크시고 위대하신 하나님의 섭리에서 그저 감복할 뿐이다. 지금 내 얼굴은 세계지도가 그려지고 피멍으로 얼룩진 오색찬란한 모습이 되어 가관이다. 그이는 이런 나를 보며 오른쪽 뺨에 아메리카 지도가 그려졌다고 비아냥거린다.

드디어 주일이 되어 마스크를 쓰고 예배당에 갔다. 성도들 앞에서 하나님의 인도하심을 따르지 않고 내 중심으로 고집 부리면 이렇게 된다고 설명했다. "욕심이 잉태한즉 죄를 낳고, 죄가 장성한즉 사망에 이르느니라."는 말씀을 기억하며 하나님의 선하시고 인자하심에 절대 복종하길 서원했다. 아직도 버리지 못한 육적인 삶을 청산케 되는 기회가 되길 바라는 마음 간절하다. 청빈한 허 목사님을 통해 소망을 가진 자로서 영의 소욕대로 살 수 있는 승리자가 되길 바란다.

15 _ 하롱베이 기행 8기

여행이라면 먼저 가슴부터 설렌다. 미지의 세계에 대한 궁금증이 내 마음을 흔든다. 이번 여행은 며느리가 여행쇼핑을 함께했다. 게다가 용돈도 두둑하게 챙겨줘서 더욱 즐거운 여행이 될 것 같았다. 간단한 세면도구며 가벼운 옷가지 등을 준비했다. 유럽이나 미국처럼 장거리 여행이 아니어서 가벼운 마음으로 다녀올 수 있었다. 동기생들끼리 팔순을 바라보는 칠순이 넘은 나이에 떠나는 해외여행이라 조심스럽기도 했다. 4월 중순이지만 비교적 따스한 날씨였다. 공항 3층 로비에서 정한 시간에 만났다. 가이드의 안내 없이 수속 절차 일체를 우리가 스스로 밟아야 했다. 하나투어의 가이드는 현지에 도착해서 수행한다고 했다. 패키지여행은 일체를 여행사에 맡기는데 이번엔 출발부터 좀 달랐다.

마침 배웅 나왔던 아들이 당황해하는 우리 일행들의 수속절차를 밟아줘서 무사히 이륙할 수 있었다. 학술 발표 차 해외출장을 자주 다녔던 아들은 순조로이 모든 일을 수행해 주었다. 스마트폰도 로밍해서 출국에 필요한 순서와 수속절차 일체를 다들 챙길 수 있었다. 출국 직전에 우린 단체로 기념사진도 한 컷 찰칵했다. 일행 중엔 두 커플이 부부동반을 했다. 난 홀가분하게 혼자였다. 우리 15명은 오후 4시 55분발 아시아나항공으로 하노이를 향해 인천공항을 떠났다.

하노이 노이바이 국제공항에 도착하니 다양한 특별 만찬이 가이드와 함께

우릴 기다리고 있었다. 하롱드림 호텔에 여장을 풀었다. 이튿날 하노이 주석

궁에 있는 호치민 생가와 박물관을 관람했다. 출발할 때 부슬비가 내리기 시

작하더니 빗줄기가 점차 굵어졌다. 예비한 비옷과 우산을 쓰고 바딘 광장을

지나 기둥이 하나라는 한 기둥 사원을 거쳐 호치민 생가와 박물관을 둘러보

았다. 이날은 무슨 기념일인지 교복 차림의 초·중·고생들과 시민들이 우중에

도 불구하고 장사진을 치고 있었다.

아름답게 꾸며진 거대한 연못 주변의 다양한 고목들의 반영을 찍으며 남극의 정취를 만끽했다. 호치민이 살던 집과 박물관 내부에 장식된 유품들과 생활상을 보니 그가 얼마나 근검절약하며 검소하게 살았는지를 짐작할 수 있었다. 15세기에 성당 건물에서 베트남 독립선언을 했다는 이곳은 국회의사당과 관공서가 자리하고 있었다. 성지 순례하는 것 같은 분위기에 싸여 관람하는 시민들의 소박한 모습은 평화로워 보였다. 국민들이 호치민 주석을 숭상하며 얼마나 기리는지를 짐작할 수 있었다. 거기를 나와서 베트남 쌀국수로 오찬을 마친 일행은 버스로 달리는 차창 밖의 이국적인 풍광에 매료되기 시작했다.

남쪽에서 북쪽에 위치한 하롱베이를 향하여 달리는 버스에서 차창 밖으로 스치는 농촌마을엔 집집마다 바나나 나무가 심어져 있는 게 이색적이었다. 집 주변에 다년생 식물인 바나나가 울타리처럼 심어져 있었다. 아득히 멀리 보이는 마을 어귀를 돌아서면 현저하게 눈에 띄는 것은 바나나 울타리였다. 바람이 센 곳이어서 방풍림으로 바나나 나무로 주택들이 둘러져 있었다. 나지막하게 안주하고 있는 마을은 평화로워 보였다. 오랜 날 휴전 중인 한국과는 다른 느낌이 드는 일은 왜일까!

이튿날 호텔식으로 조식을 마친 후 10시경에 하롱베이 관광을 위해 유람선에 탑승하고 선상관광이 이어졌다. 동서남북 사방이 연꽃잎처럼 둘러싸인 3,000여 개의 크고 작은 섬들의 아름다운 풍광은 장관이었다. '하롱베이'라는 말에서 '하롱'은 용이 내려와 적의 침략을 막고 뱉은 보석들이 섬이 되었다는 뜻이고, '베이'는 항만이라는 뜻이라 했다. 이곳은 파도가 없고, 갈매기도 없으며, 비린내 등의 세 가지가 없는 호수 같이 잔잔한 만(베이)이라 했다.

　모두들 감탄사를 연발하며 동심으로 돌아갔다. 그동안 쌓이고 쌓인 마음의 찌끼를 호수 같은 고요한 바다에 말갛게 씻어낸 기분이었다. 4시간 동안의 선상 유람은 아름다운 추억으로 남을 것 같다. 한국의 한려수도를 지나는 느낌이기도 했다. 다양한 섬들의 모양을 다 알 수도 없고, 볼 수도 없단다. 끝없는 섬들로 둘러싸인 호수 같은 망망대해였다. 모터보트로 이 섬 저 섬 사이를 터널을 지나가듯 달렸다. 뱃머리에 하얗게 부서지는 포말을 보며 어린애들처럼 환성을 지르기도 했다. 선상에서 모둠회를 비롯한 갖가지 선상요리로 오찬을 나누며 즐긴 후에 하선했다. 하롱베이에서의 선상관광은 즐거움이 가득 묻어났다.

베트남의 명산인 엔트산을 관광하고자 케이블카로 정상에 올랐다. 하롱베이 시가지를 멀리 바라보며 첩첩산중 명소에 자리한 화안사를 내려다봤다. 속리산 문장대에서 내려다본 법주사가 연상되기도 했다. 케이블카에서 내리니 정상에는 엄청나게 많이 진열된 산나물더미와 수북이 쌓아놓은 열대과일들이 시선을 끌었다. 바나나, 망고랑 이름 모를 열대과일들이 싱그럽고 먹음직스러워 보였다. 출출한 시간이라 구미를 돋웠다. 일행 중에서 과일들을 사서 돌리기에 서로 나눠먹기 시작했고 나도 망고를 사서 돌렸다. 그 싱싱하고 새콤달콤한 맛은 잊을 수가 없을 것 같다.

　여행이란 역시 보는 재미도 있지만 먹는 재미도 대단하다. 낯선 고장의 과일이나 음식을 접하는 것도 여행에서 얻는 묘미라고 하겠다. 정상에서 멀리 보이는 아름다운 풍광! 언제 또다시 올 수 없는 곳이라 생각하며 가슴에 꼭꼭 새기면서 화안사로 내려왔다. 대자연의 아름다운 풍광을 즐기며 감탄사를 연발하면서 자연치유를 체험했다. 명산을 내려와서 베트남에서 가장 오래됐다는 고찰을 둘러보았다.

그 옛날엔 천축사라 했단다. 그러나 어느 날 천축사를 찾았던 베트남 왕이 화안사로 개명했다는 일화가 있다. 백성들이 화평하고 평안하게 살라는 뜻으로 '화안사'로 개명했다는 가이드의 설명이었다. 명승지에서 고찰을 둘러보며 그간에 쌓였던 마음의 찌끼를 훌훌 날려버린 듯한 기분이었다. 다들 가벼운 마음으로 하산하니 날아갈 듯했다. 자연치유란 말이 실감나는 하루였다. 화안사 주변에 우거진 숲속 오솔길엔 재스민 향기가 진동했다. 보라색과 흰색이 어우러진 꽃들은 짙은 향기로 우리를 반기는 것 같았다. 집에서 화분에 기르고 있는 재스민을 보다가 여러 곳에 무더기로 자생하는 꽃을 보니 더욱 반가웠다. 나는 가까이 다가가서 그 향을 마음껏 맡기도 했다. 아침에 호텔을 떠날 때도 입구에 흐드러지게 폈던 재스민 꽃들이 생각났다. 이곳에 핀 재스민 꽃은 우리나라 들국화처럼 여기저기 피어 나그네를 반기는 것 같았다.

아침저녁 출퇴근 시간엔 승용차보다 오토바이로 달리는 모습이 활기차 보였다. 남녀 젊은이들이 줄을 이어가는 모양은 마치 개미떼가 기어가는 것 같았다. 지금은 GNP가 2,700$이지만 이른 새벽부터 일터로 달리는 젊은이들의 힘찬 행렬을 보니 이곳도 훗날 국민소득이 높아지면 한국처럼 승용차로 바뀌겠지 하는 생각을 했다. 롯데호텔 전망대 65층에 올라 회전하는 시설에 가만히 앉아 있으니 시내를 한눈에 다 볼 수 있어 좋았다.

다시 북쪽 하롱베이에서 내려오는 중에 유독 눈에 띄는 것은 도로변에 좁게 2층으로 즐비하게 지어진 집들이었다. 아래층은 수상가옥처럼 지어 거실로 사용하고 2층은 침실이고 3층은 다락처럼 나지막하게 지어 조상을 모시는 사당 같은 구조라 했다. 베트남의 수도인 하노이와 같은 큰 도시인 델타 지역 남쪽은 3모작이고, 하롱베이 같은 북쪽은 2모작으로 쌀농사가 잘되는 나라란다. 우리가 알고 있는 안남미가 풍성한 곳이다. 이 안남미가 고혈압에 좋은 쌀이라 했다.

이 나라는 540개 소수민족으로 이뤄지고 모계사회로 농사는 주로 여자들이 종사하고 있어 80%를 차지할 정도라 한다. 1시간 20분 정도 달려서 하노이에 다시 당도했다.

4월 20일엔 홍 강을 끼고 좌우엔 라데스 강 주변의 800년 되었다는 현지인 시장을 마차를 타고 50여 분 둘러보았다. 이 골목 저 골목 굽이굽이 돌며 보이는 점포들엔 수많은 상품들이 질서정연하게 진열되어 있었다. 가끔 외국인들이 드나드는 것을 볼 수 있었다. 하노이는 200여 개의 호수와 850만 명 정도의 인구가 밀집된 곳이기도 하다.

시장 관광을 마친 후에 피곤한 몸을 시원케 해주는 전신마사지를 받으니 날아갈 듯한 기분이었다. 진기한 요리로 잘 갖추어진 레스토랑 뷔페에 들러 저녁을 먹었다. 동남아의 국가별 다양한 즉석요리를 체험하며 허기진 배를 채우며 즐겼다. 지금까지 여러 나라를 다녔어도 이처럼 다양하고 맛있는 음식은 처음 먹었다. 도무지 거부반응이 없이 모두들 즐거워하며 먹는 모습을 보니 이 여행을 주관한 나로서도 흡족했다.

하노이에서 공항으로 이동하여 이른 새벽 5시에 인천공항에 도착하니 아들이 마중 나왔다. 비교적 홀가분하고 즐거운 여행이었다. 내년이면 팔순을 맞이하는 내가 이처럼 여행의 즐거움을 누리다니 참으로 감사하고 감격할 일이다. 하롱베이 유람선의 낭만과 선상요리 체험, 호수공원 바다 위에서 모터보트로 달리던 즐거움, 이른 아침 오토바이 행렬의 활력 넘치는 출퇴근 모습, 개미처럼 부지런한 국민들의 모습에서 활력이 넘쳐 보였다. 피곤을 확 풀어주었던 전신마사지, 남국의 감미로운 과일의 맛, 천연고찰에서의 자연치유 체험 등은 좋은 추억으로 오래오래 간직하고 싶다.

이번 여행에 함께하지 못한 회원들을 생각하니 아쉬운 마음이었다. 바쁜 일상에서 벗어나 주 하나님께서 지으신 이국의 풍광을 접하며 새로운 활력소를 담고 온 여행은 참으로 즐거웠다. 건강한 몸과 마음으로 신학대학원 동기들과의 늦깎이 여행을 하게 하신 하나님께 감사를 드린다. 수학여행 말고도 동기들과의 여행은 참으로 즐겁고 흥미 있었다. 여행 중에 먹거리를 열심히 챙겨준 이웃들의 사랑과 친절은 잊을 수가 없다. 이번 여행을 새로운 삶의 터닝 포인트로 삼아 남은 생을 보다 생동감 넘치는 삶으로 보내고 싶다. 특히 나는 은퇴 후의 여행이라 더욱 감회가 깊었다. 무탈하게 돌아온 동료들에게 감사한 마음을 전하며 춘천행 리무진에 몸을 실었다.

16 _ 화려한 라스베이거스의 거리

　저녁 무렵 라스베이거스에 들렀다. 패키지여행이라 호텔에 투숙하기로 되어 있었다. 마침 거기서 유학 중인 조카랑 만나게 되었다. 한국에서 영문학을 전공하고 이곳에 와서 호텔경영학을 배우며 석사과정을 밟고 있었다. 그녀가 머물고 있는 숙소에 들렀다. 단호박 찐 것을 대접하기에 출출한 때라 함께한 짝꿍과 맛있게 먹었다. 그녀가 안내하는 대로 시내 구경을 하였다. 라스베이거스의 거리는 해질 무렵이어서 더위가 한 풀 꺾였다. 낮엔 뜨거운 뙤약볕이어서 비교적 조용한 거리이나 해가 지고 땅거미가 슬슬 내릴 때면 시원해지는 거리에 많은 사람들이 몰려다닌다고 했다. 분수 쇼를 비롯하여 화려한 네온사인이 매혹적이고도 현란한 빛을 발했다. 사막 한가운데 정방형으로 계획되고 세워진 거대한 도시란다. 인간의 무궁한 노력의 결정체가 어떠한지를 보여주는 창조의 극치를 짐작

케 했다. 빌딩 숲속을 거닐 듯이 거대한 건물들이 즐비했다. 마침 동행하는 학생이 인하공대 건축과여서 건물에 관심이 많았다. 각 나라에 다닐 것 없이 라스베이거스엔 각국의 다양한 건축양식을 본떠 설계한 건물이 많다고 했다. 난 그 분야엔 문외한이어서 청년의 설명을 들으면서 거리를 조카와 함께 걸었다.

참으로 추억에 남을 아름답고 화려한 거리의 모습이었다. 밤이면 불야성을 이루는 이곳은 세계의 건축가들이 심혈을 기울여 설계한 빌딩들의 장엄한 모습이 더욱 휘황찬란하게 불을 밝혔다. 여러 나라의 건축양식들을 모아놓은 축소판이라고도 했다. 빌딩의 건축양식이 무척 다양했다. 크기를 자랑하는 듯한 위용이 가히 그 무엇과도 비길 데가 없단다. 즐비한 거리의 빌딩만 보아도 감탄을 금할 데가 없이 신흥도시답다고 생각했다. 건축양식의 극치를 달리는 건물들이 페스티벌을 하는 예술의 거리라고 할 수 있을 것 같았다. 빌딩 안의 내부 장식은 더욱 화려하고 아름다워 표현의 말이 막혔다.

평생에 이토록 아름다운 도시를 또 볼 수 있을까나! 의기소침했던 젊은이들이 이곳에 오면 용기를 얻고 삶의 의미를 찾는 곳이라고도 했다. 지금은 도박의 도시로 세계적인 부자들이 모이는 곳이지만 앞으로는 인간이 가장 안식할 수 있는 아름다운 평화의 도시, 전원도시, 세계인의 안식처로서 거듭 발돋움

하고 있다는 안내자의 말이다. 아름다운 야경을 찍는 솜씨 부족으로 사진을 다 올리지 못하는 것이 안타까웠다.

　호텔 안에 들어서니 1층은 파친코 도박장이어서 넓은 홀이 시끌벅적했다. 호텔 방에는 물이 비치되지 않는다 했다. 밑에 내려가서 가져오게 되어 있단다. 손님들을 도박장으로 유인하기 위한 술책이라 했다. 우린 미리 알고 물을 준비해서 방으로 들어갔다. 호텔시설이 야릇하도록 화려했다. 무슨 궁정 같았다. 창문으로 들어오는 밤바람이 피곤한 나그네를 반기듯 시원하게 불었다. 화려한 거리를 내려다보며 잠시 두고 온 고향생각을 하며 꿈나라로 갈 준비를 했다. 고모들이 미국 땅에 둘이나 살면서도 저를 찾아준 것은 왕고모뿐이라며 반기던 조카 말을 들으며 여행 중이라도 만나길 잘했다는 생각을 하며 잠을 청했다.

17 _ 제자들과의 재회

내게 있어 교직 생활은 황금시기였다라고 말하고 싶다. 대학진학을 놓고 고민할 때 사범대학 가는 것을 극구 반대한 친구들이 많았었다. 우리 또래 아이들은 대학을 선택할 때 일반대학 진학이나 의사가 된 아이들도 있었다. 그러나 난 고등학교 다니면서 시골에서 다니는 아이들에게 푸른 꿈을 심어주고 싶었다. 그때 상황은 자연환경은 좋으나 부모환경 때문에 재능개발이 늦어지는 요인이 많았다. 그것을 극복하는 길을 열어주고 싶었다. 광부나 농부의 자녀들이라도 꿈(이상)만 분명하면 극복할 수 있다고 생각했다. 나폴레옹은 꿈을 가지면 삼분의 일은 이뤄진다고 했다. 그러니 꿈은 크게 가지고 볼 게다.

집이 서점을 하기에 시골에서 읽었던 책 속에서 도전정신을 배웠다. 『퀴리부인』을 읽으면서 사과궤짝을 책상으로 삼아 공부를 하며 가난을 극복하는 삶에서 도전정신을 배웠고, 『인형의 집』을 읽으면서 여성의 참된 가치를 정립하게 되었다. 남녀 구분 없이 꿈만 바로 세우면 무한도전의 정신을 가다듬을 수 있다고 생각했었다. 고교시절엔 헌책을 빌려 쌓아놓고 밤을 꼬박 새우기도 했다. 책방 집 딸이라는 닉네임이 부끄럽지 않게 책 읽기를 하고 즐기며 간접경험을 넓혔다. 해외여행을 즐기는 것도 읽은 책의 세계를 확인하는 재미가 있었기 때문이다. 특히 유럽이나 터키, 뉴질랜드 지역은 더욱 그렇다. 책 속의 간접경험이 삶의 세계를 확장시키는 과정이기도 했다. 부모님이 학비를 잘 대주셨기에 독서로 새로운 세계를 확장시켜 나갈 수 있었다.

교직에 몸담았을 때 수업시간 5분 전 도입단계는 학생들에게 흥미를 주기 위해 명작을 연속극처럼 들려주기도 했다. 운동장에서 놀다가 먼지를 일으키며 달려오는 학생들을 보는 즐거움은 지금도 잊을 수가 없다. 이것은 나만의 노하우였다. 평교사 시절에 태백중학교와 신철원중학교 두 곳에서만 근무했었다. 그리고 야간중학교 4년을 밤에 봉사했다. 주당 48시간 수업을 했었다.

지금도 스승의 날을 전후해 그들이 찾아와서 함께 오찬을 나누던 제자들도 있다. 그렇게 만나게 된 제자들을 보면 중학교 시절 그들의 청소년 모습이 오버랩되기도 하였다. 여기 그 시절의 제자들과 만남의 기쁨을 소개하고자 한다.

》 태백 제자들과의 해후

보슬비 내리는 봄날 노란 개나리가 움트는 계절에 제자들이 이 먼 춘천까지 온다는 연락이 왔다. 얼굴조차도 어슴푸레한 나이에 61년 만의 만남이었다. 은행나무집에서 만나자 했다. 이미 인터넷을 통해 장소와 시간을 정해 놓고 찾아오겠다고 했다. 그들이 얼마나 변했을까 궁금해 하면서 약속장소로 갔다.

그들은 벌써 와 있었다. 가슴 설레면서 직접 운전을 하고 갔다. 내 나이 팔순을 향해 달리고 있을 즈음이어서 내 삶의 일부를 정리하고 있을 때였다. 그 중에 하나가 앨범정리였다. 그들에게 꿈을 키우며 격려하던 날들을 정리하고 접느라고 지워가던 때였다. 상패도 공로패도 흔적을 지우고 정리하던 때에 그들과 만나게 된 것이다. 그 무렵 나는 내 유품을 아이들에게 정리시키고 싶지 않은 마음에서였다.

그런데 그들이 사진을 보내왔다. 중학교 담임할 때 함께 찍었던 사진이었다. 그 사진을 보며 가물가물한 기억을 더듬었다. 소녀시절의 그들이 70 고개를 넘나드는 나이가 되었다. 우리는 서로 부둥켜안고 감격의 시간을 맞았다. 다시 그 옛날로 돌아간 기분이었다. 변한 그들의 모습 속에서 옛 흔적들이 겹쳐지기도 했다. 저간의 살아온 회포를 날이 저물도록 풀었다. 그들이 정성껏 마련해 온 선물을 마저 풀기도 전에 헤어지는 아쉬움이 다가왔다.

지나온 옛 이야기를 나누는 감동과 감격이 가슴을 흔들었다. 그 중에 한 제자가 지난해에 아들네와 함께 칠순기념 유럽여행을 다녀온 얘기를 했다. 그때 나도 우리 김 장로님 팔순 기념으로 아들 내외랑 동유럽 효자여행을 다녀왔노라고 응수하며 시간 가는 줄도 모르고 얘기꽃을 피웠다. 어느덧 우린 이렇게 함께 늙어가고 있음을 발견하며 까르륵 웃기도 했다. 그 후부터는 카톡방을 만들어 서로 마음을 주고받기도 한다. 시인이 된 제자는 효부상 받은 얘기며 이번에 한국인 100인 시인대상을 수상한 기쁨도 전해 왔다. 00이는 학교 때 "글쓰기에 소질 있어 보인다."는 격려에 힘입어 시인이 되었노라고 했다. 어릴 때 교사의 말 한마디가 얼마나 깨우침을 주고 힘이 되는 것인가를 새삼 느끼기도 했다. 이런 말을 듣는 순간 교사로서 보람을 느끼게 된다.

국어교사로서 감동의 시간이다. 노년이 되니 승승장구 제자들이 재능개발에 힘쓰는 삶을 사는 것을 볼 때 최강의 기분이 든다. 태백 출신 중에는 학교 때 연산군 역을 잘하던 최종원 군도 그 분야에 일가견을 가지고 정평이 나 있다. 각 분야에서 몸이 불편해도 석학이 되어 사회에 기여하는 바가 큰 제자들이 많다. 유수 회사에서 퇴직을 했어도 근무의 연장을 받아 기여하며 자부심을 갖고 있는 남학생들의 모습에서 마음이 든든하고 위로가 되기도 했다. 남녀공학에 근무한 연고로 건장한 제자들의 늠름한 모습을 보거나 듣는 것도 나름 행복했다.

이와 같이 자신이 하는 일에 열정을 가지고 사계의 권위자가 된 제자들도 기쁨을 주지만 전업주부로서, 교수로서 각 분야에서 끊임없이 노력하는 제자들의 소식을 듣는 기쁨은 교사만이 누리는 행복일 것이다. 다시 태어나도 교사가 되겠다고 했던 것이 나였다. 콩나물 자라듯이 쑥쑥 성장하는 그들의 모습을 바라보는 것은 더없는 기쁨이었다. 학교는 3년마다 바뀌므로 지루하지 않고 날마다 새로웠다. 그런 나의 꿈은 여러 제자들 앞에서 정년퇴직하는 것이었다. 그러나 병상에서 사표를 쓰느라 퇴임식도 없었다. 하지만 교역자가 된 후 성도들과의 생활도 더없는 기쁨이요 보람찬 일이었노라고 고백한다.

》신철원 제자들과의 만남

차가운 바람이 옷자락을 스치는 한겨울이지만 훈훈하고 기쁜 소식이 전해졌다. 12시경에 한 통의 전화를 받았다. 자기들이 번개 방문하려고 약속을 친구들과 함께 했는데 아무래도 예의가 아닌 것 같아 선생님께 알리노라 하면서 방문을 알려오는 도도야의 얘기였다. 1월 13일 오후 4시에 꿈에도 그리던 신철원중학교 제자들의 방문을 받았다. 미리 약속된 일이 있어 외출했다가 돌아오니 그들이 도착했다. 우리들의 만남은 31년 만의 재회였다. 그들과의 만남은 참으로 기쁘고 즐거운 일이었다. 예쁘고 아름다운 모습으로 주 안에서 신앙생활을 잘하며 건전하게 살고 있다니 더욱 반가웠다. 어린 소녀들이 어언 50 고개를 넘는 중년이 되어 만나게 되니 남다른 감회가 서렸다. 얼마나 반갑고 기쁜 일인가!

내 생명을 죽음의 병마에서 건져주시고 연장해 주셔서 이런 제자와의 만남을 주신 하나님께 감사하며 영광을 돌린다. 시인으로서, 교사로서, 기자로서, 직장인으로서 활약한다는 소식을 들을 때마다 얼마나 즐겁고 행복한지!

특히 목회 시작할 때 목회 가운을 해주기도 하고 봉고 차량비 일부를 보낸 제
자도 있었다.

개중에 열심히 고등학교 교사로 근무하며 두 남매를 기도로 잘 키워서, 아
들은 서울공대 전자과에 재학하다가 군에 입대하여 군 복무 중이고, 딸은 고
3인 엄마가 된 사랑스런 제자의 다소곳하며 겸손한 모습은 내 마음을 감동
케 했다. 엄마가 직장인이어도 엄마의 열심히 사는 모습을 보고 스트레스 받
지 않고 자유롭게 공부하는 자녀를 둔 것이라 생각되었다. 초등학교 시절엔
전학을 여러 번 했다던 환경에도 불구하고 열정을 가지고 공부했던 제자여서
더욱 기특하고 대견했다. 꿈을 키우는 열정만 있으면 성취감을 맛볼 수 있음
을 실증한 셈이다.

멀리 부군이 베트남 건축공사 중이어서 잠시 /헤어져서 살고 있는 제자도
있다. 기도하며 그리움에 젖어 살고 있는 에버그린은?두 아들을 잘 키워 군

제대 후 복학 중인 맏아들과 군문에 있는 차남 이야기보따리를 풀어놓았다. 그 이야기를 들으니 그저 장한 엄마요, 아내란 생각에 가슴이 뿌듯해지기도 했다. 지금도 자기 고향마을을 지키며 전업주부로서 묵묵히 소임을 잘 감당하고 있는 내 사랑스런 제자들이 아닌가! 또한 직장인으로서 시인이 되기도 하고, 학원경영을 하며 2세 양육에 기여하는 제자들과의 만남은 나를 얼마나 살맛나게 하는 기쁨을 주는가?

우린 시간 가는 줄도 모르고 그간에 일어난 일들을 나눴다. 대부분이 교수와 선생님이 되어 중고교 교사로 2세 양성에 매진한다는 소식 하며, 육사 졸업 후에 대대장이 되어 있는 제자들의 소식과 다들 건전한 사회인으로서 일익을 잘 담당하고 있다는 기쁜 소식들이었다.아무튼 이들이 믿음으로 건강한 아내로, 어머니로, 사회인으로 생활하고 있음을 보니 더욱 자랑스러웠다. 부디 금년에도 이들의 아름다운 우정이 지속되어 주 안에서 행복하고 건강한 삶이 이뤄지길 바라는 마음이 간절했다. 신철원중학교에 근무할 때 함께 꿈을 나누었던 제자들과의 만남은 보기만 해도 감회가 새롭다. 병마로 시달린 후의 재회였기에 더욱 반가웠고 감동의 만남이었다. 나는 그때를 마지막으로 문막중학교 교감으로 승진 이동한 것이다. 교사생활에서 마지막 만났던 아이들이었기에 더욱 감회가 깊었다.

농촌에서 자란 순박한 아이들, 철원의 넓은 들판에서 꿈을 먹고 성장한 이들이기에 더욱 귀하고 소중하다. 다들 곱돌이 아닌 차돌로 성장하여 꿈을 성

취한 아이들이기에 귀하다. 지금은 하나님의 은혜
로 목회자의 길을 가고 있지만 내겐 22년간
의 교직생활이 나를 보다 윤택하고 살맛
나게 했던 사실이 어필되어 다가오기
도 했다. "내게 능력 주시는 자 안에
서 내가 모든 것을 할 수 있느니라.(빌
4:13)"는 말씀이 떠올랐다. 이제 또
오겠다고 약속한 제자들의 소식이 더욱 그
립고 보고 싶다. 시인이 되어 직장에서 재능을 개발하는 제
자들의 의젓한 모습도 귀하고 귀하다.

18 _ 내 삶의 발자취

》 남편 : 김기제

아내의 팔순을 맞아서 내가 살아온 날들을 회고해 보면 실로 파란만장한 세월을 보냈다. 어린 시절엔 비교적 유복한 가정에서 6남매 중 차남으로 태어났다. 아버님이 인천어업조합장을 지냈기에 아쉬운 줄을 모르고 살았다.

축현초등학교에 다닐 때는 개성의 선죽교 박연폭포로 소풍도 다녀왔었다. 인천중학교 3학년 때 6·25동란으로 인해 부산에서 피난생활이 시작되었다. 난리 통에 경남중·고교에서 수학하고 의사가 되려는 목표를 세워 의대 진학의 꿈을 안고 열심히 준비했으나, 경제사정으로 학비가 저렴하다는 사범대로 진학했다. 그 꿈을 아들이 이뤄주어 대리 만족으로 위로를 받으며 살고 있다. 지금은 그 아들이 내 주치의가 되어 있다.

수복 후 상경한 후에 서울에서 가정교사와 개인지도로 가난과 싸우면서 공부했다. 그때 일신초등학교 4학년 이철수 군 누이와 인연이 되었다. 경동중학교 시험 치는 교실 앞에서 만난 우린 8년간 교제하다가 결혼하였다. 그 세월이 금혼식을 할 정도의 50년이 되었다. 졸업 후 경남에서 근무하던 나는 결혼하면서 생소한 강원도로 전입하여 이른바 부부교사로 근무하였다. 그러나 결혼생활은 순탄치만은 않았다.

아내는 고된 직장생활로 인해 임신중독증에 걸려 첫아이는 사산해서 얼굴도 못 보았다. 둘째는 처남이 ROTC 훈련 중에 원주 38사단에서 야간훈련 중에 일사병으로 순직하여 동작동 국립묘지에 소위로 안장되었다. 그 충격으로 아내는 7개월 조산아를 인큐베이터에서 키웠으나 뇌성마비로 앓다가 죽고 말았다. 연이은 제왕절개와 담석증 수술로 허약해진 아내에게 하나님은 네 번째로 맏이인 혜란이와 다섯 번째 수술로 아들 영성이를 선물로 주셨다. 사궁지수(四窮之首射)가 될 뻔한 내가 부모가 되는 기쁨을 누리게 되었다.

1980년 갑자기 행해진 인사이동으로 아내가 큰 충격을 받았다. 보름간의 불면증에 시달리다가 맞은 영양주사가 잘못되어 패혈증이 왔다. 춘천 오내과 병원에서는 불가능하다 했다. 서울대학병원 응급실에 입원했지만 7일간 의식을 잃고 회복되지 않았다.죽음의 선고를 받아 장례준비를 하라는 지시가 있었다. 하지만 장모님의 간절한 기도 응답으로 건강을 회복하는 은혜를 누리고 오늘까지 살아왔다.

게다가 일곱 번째 수술은 간이 흑달이 되기 직전이라고 했다. 담도를 십이지장에 연결하는 담관 수술로 인해 장 유착이 왔다. 여러 번의 수술 후유증으로 52일간 링거로만 살았다. 그러나 하나님은 은혜를 더하셔서 아내를 회복시켜 주셨기에 목회자 생활을 할 때 동역자로 살았다. 그동안 아내는 4회의 제왕절개, 협심증, 심근경색, 뇌경색, 담석증 수술 3회 등 사투를 벌였었다. 그런 아내를 지켜보면서 안타까운 때도 많았고, 가슴앓이도 많이 했다. 대부분 여성 병실이어서 간병할 때는 곤란한 점도 많았다. 그때마다 하나님의 은혜만을 마음속으로 구하면서 고비를 잘 넘겼다.

나는 강원도교육청 중등장학담당 장학관, 강원도연구원을 거쳐 후평중학교장 등으로 근무하다가 화천실업고교장으로 정년퇴직하였다. 하나님의 은혜와 보호로 나의 가정은 오늘에 이르렀다. 원창고개에서 춘천 시가지를 내려다보며 지난날 카투사 부대에서 근무하던 때를 생각했다. 제대 말년에 이곳 석사동 부대에 근무하던 중 석사교회에서 학습세례를 받았다. 그런 내가 춘천과 인연이 되어 38년간 이곳에서 안착하여 살았다. 이와 같이 살아온 것은 이미 그분의 예정 안에 정해진 길이 아니었을까 하는 생각이 들었다. 지금까지 내가 아내 병수발을 하며 함께 살아온 날들을 회고해 보면 꿈만 같다.

방학이 되면 남들처럼 바캉스를 떠나는 대신 우리는 아내의 병원생활로 보냈다. 방학 때는 휴가를 즐겨본 일이 한 번도 없다. 우리는 퇴직 후에야 아들의 권유로 국내의 수려한 명승지를 해마다 유람했다. 동해 설악의 단풍과 주전골의 기암절벽과 오색약수터를 거쳐 화진포 해수욕장, 삼척의 환상굴 등을 답사했다. 산행을 할 때면 두고 오는 붉은 단풍을 못 잊어 뒤돌아보며 걸음을 멈추었던 날들이 뇌리에 생생하다.

가을이면 황홀한 설악의 주전골 단풍의 비경을! 강원도에 살면서도 주전골 단풍은 처음이었다. 평소엔 오색약수터까지만 다녀가곤 했다. 오색약수터 입구에서 뒷길로 가면 바로 기암괴석과 바위에서 자란 소나무들이 일품으로 다가온다. 흐린 날씨에다 오후라서 다소 유감이지만 금강산 절경이 저리 가라임을 느끼기도 했다. 오가는 나그네들이 "과연 죽여주는 풍경"이라며 아우성이 터지는 소리를 들으면서 우리 일행도 산행을 계속했다. 용소가 있는 곳까지 다녀서 하산하니 이미 땅거미가 내렸다. 동행자 중에서 어두워지니 우릴 기다려주며 길 안내를 해주는 고마운 분을 만나기도 했다.

남해연안의 거제도며 한려수도를 거쳐 남해도의 금산 앞바다에서 백합 캐던 일들은 내 삶의 활력소가 되었다. 충무공의 격전지를 둘러보며 새삼 민족의 애국충정이 되살아나기도 했다. 새벽 미명에 채석강 앞바다에서 밀물이 때맞추어 서서히 밀려오는 장관은 내 삶의 여정을 돌이켜 보고 정리하는 기회도 되었다.

특히 목포의 유달산과 홍도에 불타오
르는 풍광과 흑산도와 남해안의 비경
들은 마음에 활력소를 불어넣었다. 거
기서 처음으로 자연산 해삼의 맛을 보
기도 했다. 새벽에 교회에 가서 기도
할 수 있는 기회도 가졌다. 자녀들은
뭍으로 보내고 목사님은 홀로 있노라고 했다. 오는 길에는 유람선을 타고 홍
도 일대를 둘러보며 기암절벽으로 형성된 기괴한 모습을 보았다. 가이드의
설명을 들을 때 마침 시작되는 일식을 보면서 신묘막측(神妙莫測)하신 하나님의
섭리를 체험했다. 돌아오는 길에 흑산도의 비경을 멀리서 바라보니 대한민
국 지도 모양으로 새겨진 바위도 있었다. 흑산도의 명칭의 유래는 숲이 너무
울창하게 들어선 모습이 멀리서 보면
검은색으로 보이기 때문이라 했다.

다시 생명을 얻은 아내와 이렇게 다니니 감개무량했다. 아름다운 명승지를 유람하면서 "천하를 얻고도 생명을 잃으면 무슨 소용이 있느냐."던 말씀대로 고난을 통해 영생의 길을 열어주신 하나님께 깊이 감사했다.

나도 연전에 난청으로 인해 오른쪽 귀가 전혀 소리를 듣지 못하는 귀머거리가 될 지경이어서 불안해했었다. 하지만 10일 만에 난청이 해결되는 기쁨을 체험했다. 후평동 OO병원에 갔더니? 큰 병원에 가라며 위임장을 써주었다. 갑작스런 일이라 급한 마음에서 강대병원에 갔다. 거기서 이 병은 운이 좋으면 5명 중에 2~3명이 낫는 병이라 했다. 나는 낫기도 한다는 편에 희망을 걸고 기도하며 의사의 처방대로 따랐다. 5일이 되는 새벽에 막힌 귀가 열리기 시작했다. 서둘러 이른 시간에 병원에 가니 "선생님은 운이 좋으십니다. 완전히 고쳐졌으니 안심하세요." 하며 축하까지 받았다. 개인병원에서 큰 병원에 가보라 위임장을 써줄 때는 앞이 캄캄했었다. 귀머거리 신세를 면하게 된 기쁨으로 날아갈 듯했다. 실은 아내가 하계세미나에 참석하여 동료들과 빡세게 기도한 응답이기도 하다. 그 후로는 운전도 맘대로 할 수 있고 전혀 지장이 없었다. 집사람이 목회 일을 하는 데 다소 돕기는 했지만 직접 병을 기도로 치료받고 보니 하나님의 크신 은혜 체험이 더욱 감사함을 느끼는 계기가 되었다.

우리 부부가 정기검진을 받은 날에 있었던 일을 돌이켜 본다. 호사다마(好事多魔)라 했던가? 2009년 2월 2일 우리 부부가 정기검진 중 내시경은 아들이 검사했다. 십이지장을 비롯해서 모든 속이 깨끗하다더니 집사람만 재검이 필요하다 했다. 2월 9일과 12일 양일간 심장내과에서 심장 정밀검사를 받았다. 다섯 시간 동안 회복실에서 보냈다. 정밀검사를 받을 때 아들이 옆에서 지켜봐 주니 안심이 되고 마음도 든든했다. 심장정맥이 막힌 것을 리모델링하여서 치료받았다. 하나님은 집사람을 미리 예방하셔서 심근경색 심장협심증을 치료해 주시니 감사했다. 검진 결과를 듣기 위해 기다리는 동안 찍은 사진을 여기에 올린다.

팔순잔치 후에는 아들 내외와 동유럽 효도여행을 다녀왔다. 이 여행이야말로 가족의 사랑을 돈독하게 하는 지름길이라고 생각한다. 앞으로 남은 삶도 다 그분께 맡기고 몸과 마음을 단련하여 가족에게 누를 끼치지 않기를 소망한다. 지금은 주 2회 테니스를 즐기는 것이 일상이 되고 있다. 만약 자녀가 없었더라면 노후가 얼마나 쓸쓸하겠으며 위로와 보람을 어디서 찾을 수 있었겠는가?

고난을 통해 인내를 배웠고, 아내의 병마와 사투하는 모습을 통해 건강의 소중함을 배웠고, 자녀의 귀함과 가족의 소중함을 배웠다. 여러 가지 맹훈련을 받으며 모든 것을 감내할 수 있었던 것은 하나님을 바라보고 말씀을 믿고 순종하는 것을 배웠기때문이다. 청마의 해에는 하나님의 은혜를 더욱 사모하는 모두가 되어 행복하기를 기원했다.

19 _ 막내 고모 내외와 팔공산에서

　무더위가 지나간 시월 단풍이 물들기 시작하는 계절이 되니 막내 고모 생각이 났다. 서늘한 가을바람이 옷깃을 스며드는 날에 우리는 고모 집을 찾아 떠났다. 그간 서로 바삐 돌아가느라 집안에 결혼식이나 행사 때 외에는 사사로이 만나지 못했다. 20여 년 전 아들이 영천에서 훈련받고 부대에 배치될 때 대구 고모네에서 1박 하고 온 일이 있었다.

　이번엔 큰맘 먹고 길을 떠났다. 우리가 걸을 수 있을 때 만나고 싶었다. 막내 시누이라지만 대구로 시집간 지가 오래되었는데도 잦은 왕래가 없었다. 조카 남매가 서른이 넘도록 성장했어도 만나지 못했다. 보고 싶은 사람이 먼저 찾는 거라면서 백수인 우리 내외가 북대구행 버스를 타고 떠났다. 그동안 빌딩을 샀다면서 오라 해도 가질 못하고 전원주택으로 이사했다 해도 그저 말로만 축하했었다. 우리가 무심했던 것 같아 미안했다며 출발했다. 이젠 먼 길이라 운전도 직접 할 수 없어 대중교통을 이용하니 편안하긴 한데 장거리 여행이라 화장실 문제가 걱정되었다. 다행히 기사양반이 편리를 봐줘서 3시간 이상 장거리여도 실수 없이 도착해서 약속한 장소에서 만났다.

　마치 이산가족을 만난 듯한 기분이었다. 재작년엔 전원주택을 샀으니 놀러 오라 했지만 못 가고 이번에야 가서 집 구경을 했다. 금잔디와 나무들 이름을 일일이 소개하는 얘기를 들으면서 정원을 잘 가꾼 2층집으로 들어갔다. 하얀 색으로 깨끗하게 단장한 예쁘고 아담한 집이었다. 장녀 진영이는 무척 예쁘

게 자라서 자영업을 하여 경제적으로 자립해서 일하고 있었다. 우린 거하게 차린 오찬으로 배불리 먹고 시내구경을 하러 나섰다.

파계사에선 영조나무 앞에서 기념사진을 찍었다. 나무는 수백 년이 지나도 튼실하게 잘 자라는데 사람은 늙을수록 기력이 쇠하는가를 생각하니 덧없는 인생임이 새삼스레 느껴졌다. 약수터에 들러 물맛을 보니 시원한 물맛에 생기가 돌았다.

거기를 떠나 팔공산 동화사에 들렀으나 공사 중이어서 정문으로는 입장불가였다. 되돌아 나와 후문으로 들어가서 국화전시회를 관람하는 호사를 누렸다. 가을 정취가 흠뻑 풍겼다. 절간 사방에 국화로 치장한 신도들의 정성이 대단해 보였다. 특히 국화분재 전시회는 볼만했다. 화초를 이렇게 아름다운 수형을 잡아 키우듯이 사람도 뜻한 대로 잘 다듬어 성장시킨다면 훨씬 살맛 나는 사회가 될 것 같았다.

케이블카를 타고 대구 시내와 팔공산 경관을 구경하려 했지만 10월 3일 국경일이라 인산인해로 인해 결국 포기하고 되돌아 내려와 하산했다. 맛집으로 안내를 받아 만찬을 거하게 대접받았다. 집으로 돌아온 우리는 그간에 밀렸던 얘기를 도란도란 나누었다. 수십 년 만에 만난 사이인데도 늘 함께했던 사이처럼 격의 없이 그간에 궁금했던 얘길 했다. 혈육의 정이 끈끈함을 느끼며 밤이 깊도록 저간에 쌓였던 사연 보따리를 풀어놓았다. 특히 재광이가 호주어학 연수 중에 광고모델로 등장했던 얘기며 취직하여 번 돈으로 누나에게 가맹점을 사주고 자신도 아르바이트생을 두고 경영하는 상황들을 들려주었다. 자립심이 대단한 청년인 것을 보고 놀라웠다.

아침 일찍 일어나 제부와 함께 뒷동산 등산길로 산책을 나갔다. 이슬비 내리는 아침에 우산을 쓰고 얘길 나누면서 그가 얼마나 열심히 살아왔는지를 알 수 있었다. 카투사 부대에서 활약했던 일을 들으며 하나님은 스스로 돕는 자를 돕는다는 사실을 실감하기도 했다. 우리 막내 고모는 좋은 시부모님을 만나고 좋은 집안의 가문에 유익한 존재임을 알았다. 안심하고 돌아올 수 있었다. 아이들이 성실하게 잘살고 고모 내외가 건강한 가운데 사업도 확장시켜 가는 모습이 믿음직스러웠다.

고모가 내놓은 과일을 먹으면서 시어머니 생각이 났다. 6·25동란 때 부산 피난생활을 마치고 9·28 수복과 동시에 서울 필동에 사실 때 얘길 하셨다. 솔잎을 긁어다가 불쏘시개로 해서 불을 지피시며 고생하셨다고 하시던 말씀이 생각났다. 고진감래(苦盡甘來)라고 자식들이 이렇게 안정되고 행복하게 사는 모습을 보셨으면 얼마나 기뻐하실까 생각했다. 1965년에 결혼하고 처음으로 여름방학에 시댁에 갔을 때였다. 가난한 살림살이에 6남매나 되는 자녀들에게 과일을 많이 살 수가 없었을 때였다. 마침 내가 임신이 된 것을 아신 시어머니께서 장바구니 밑에서 노란 참외 한 개를 꺼내서 내가 있는 방에 넣어주시며 먹으라고 하셨다. 이 사실은 그 누구에게도 지금까지 발설하지 않았다. 그때 막내 고모 몰래 먹었던 참외 생각이 나서 지금 고백한다.

우리 어머니 세대가 가장 불쌍하고 가여운 여인들이었다. 시아버지가 바람을 피워도 참아야 하는 시대였기에 말이다. 지금은 교통이 편리하고 가전제품들을 잘 쓰며 문명의 혜택을 누리고 편리하게 사니 얼마나 행복한가! 세탁기에다 건조기까지 사용하며 호강하며 사니 말이다. 요즘은 남자로 태어난 게 안됐다는 생각이 든다. 내조라는 말을 찾기 어려운 시대가 된 것 같아 안타깝기까지 하다. 서로 부부의 본분을 바로 알고 의무와 책임 있는 삶을 살아야 할 것 같다. 여자로서의 의무와 책임을 다하는 것이 바로 여성의 자존심을 세우는 떳떳한 삶이라고 생각한다. 고모와 같은 여인이면 더없이 좋을 것 같다.

돌아오는 길에 여자로서는 혼자 남아 있는 막내 고모가 좋은 남편을 만나 서로 도우며 잘살고 있는 모습이 보기 좋았다. 매사를 긍정적으로 생각하고 약자를 돕는 마음으로 사는 고모 내외여서 마음 든든했다. 농사지으시는 시부모님 자랑도 늘어지게 하는 고모가 행복해 보였다. 그들이 준 구두며 먹거리 선물을 안고 오는 마음이 뿌듯했고 돌아오는 발걸음이 가벼웠다. 뒷담화를 모르고 푸념도 하지 않는 후덕한 고모다. 6남매 중에 두 형제와 막내 고모만 남았다. 근면하고 성실하게 사는 고모 내외가 부디 건강하고 행복하게 살기를 빌어본다. 황혼의 석양이 눈부시게 비치는 날에 빨리 여름이 오길 기다려진다. 그들이 선물로 준 단화와 샌들을 신고 싶은 마음에서다. (2016. 10. 4.)

20 — 제자들의 편지와 시

존경하는 선생님

지금도 키가 작지만 중학교 때 맨 앞쪽에 앉아 수업을 들었었다. 원래 계산적 개념보단 국문학 쪽에 관심이 더 많았던 터라 깐깐하고 카랑카랑한 평판을 얻었던 당신의 가르침을 무난하게 소화하며 열심히 습득했던 제자 중 한 명으로 기억하시는 것 같다.

신철원 중·고등학교와 춘천의 강원대학교를 졸업하고 서울로 올라와 직장을 얻고 결혼하여 신혼살림을 꾸린 서울 강북구 수유동에서, 신도(信徒)를 찾아 방문하시려고 전철역 계단을 오르시는 선생님을 우연히 만났을 땐, 어려운 병을 이겨내시고 하나님의 말씀을 전하시는 분이 되어 계셨다

얼마 후 아내와 함께 춘천을 찾아 단상 위에서 하나님의 말씀을 충실히 전하시는 설교 속의 음성과 감동은 예전과 다름없이 어찌나 또렷이 전해져 오던지….

그러고선 또다시 무심한 십몇 년, 동창 딸 결혼식에서 선생님을 무척 보고파 하는 친구가 있어 주소록을 뒤져 안부를 전하게 되고 반가운 음성을 다시 듣게 됐는데, 얼마나 죄스럽고 몸 둘 바를 모르겠던지….

그래도 못난 제자를 한결같이 감싸 안고 받아주시는 드넓은 당신께 "감사합니다! 사랑합니다! 영영 건강하소서!"란 말밖에 드릴 말씀이 없습니다.

서창원 올림

어머니 3

나와 아내는 어머니를 뵈러 갔다.
"깨끗이 씻고 새 옷으로 갈아입어야죠."
반 정도 받은 욕조에 앉히자
"앗, 뜨거! 나, 안 할래."
"아냐, 깨끗이 씻어야지. 냄새 나잖아."
밖으로 나가려는 당신을 끌어당기며
부지런히 손을 놀리느라 꽉 찬 이마의 구슬을
추스르지 못하는 안간힘.
"거봐 개운하지?"
윗도리를 입혀 내보내며
날더러 나머지 옷과 양말을 신겨 드리라고
부탁하곤 뒷정리를 한다.
아장아장 나의 손에 이끌려
풍파에 드러난 나무의 뿌리처럼
자신의 휘어지고 갈라진 발가락의
곳곳이 닦여지는 모습을 물끄러미 쳐다보다
슬며시 부끄러운 곳을 두 손으로 가린다.
아! 닫힌 폐광의 쓰러질 듯 허무한 문을
난생 처음 본 순간
뻐근한 가슴이 그 안에 매몰되어
바동거리고 있었다.

서창원 약력1962년 06월 03일 강원도 철원 출생
강원대학교 식품공학과 졸업현재 서울교통공사 (구 서울지하철공사) 30년 재직

김수연

포공영(浦公英) 씨앗

가슴속에 품고 온 민들레 씨앗

50여 년 세월 걷어내고
풋내기 소녀의 어진 정
낯익은 낯설은 듯
잊고 나온 몸짓 나이

기억하실까
온언순사(溫言順辭)

"모난 돌 둥글게
강한 쇠막대 부드럽게 아름다운 길 걸어야 해"
정감 어린 덕육(德育)의 가르침

올곧은 씨앗 틔워
따뜻이 빛을 숨쉬고
타향 땅에 뿌리내려
쓸모 있는 삶 꽃피워 주신
스승님 은혜!

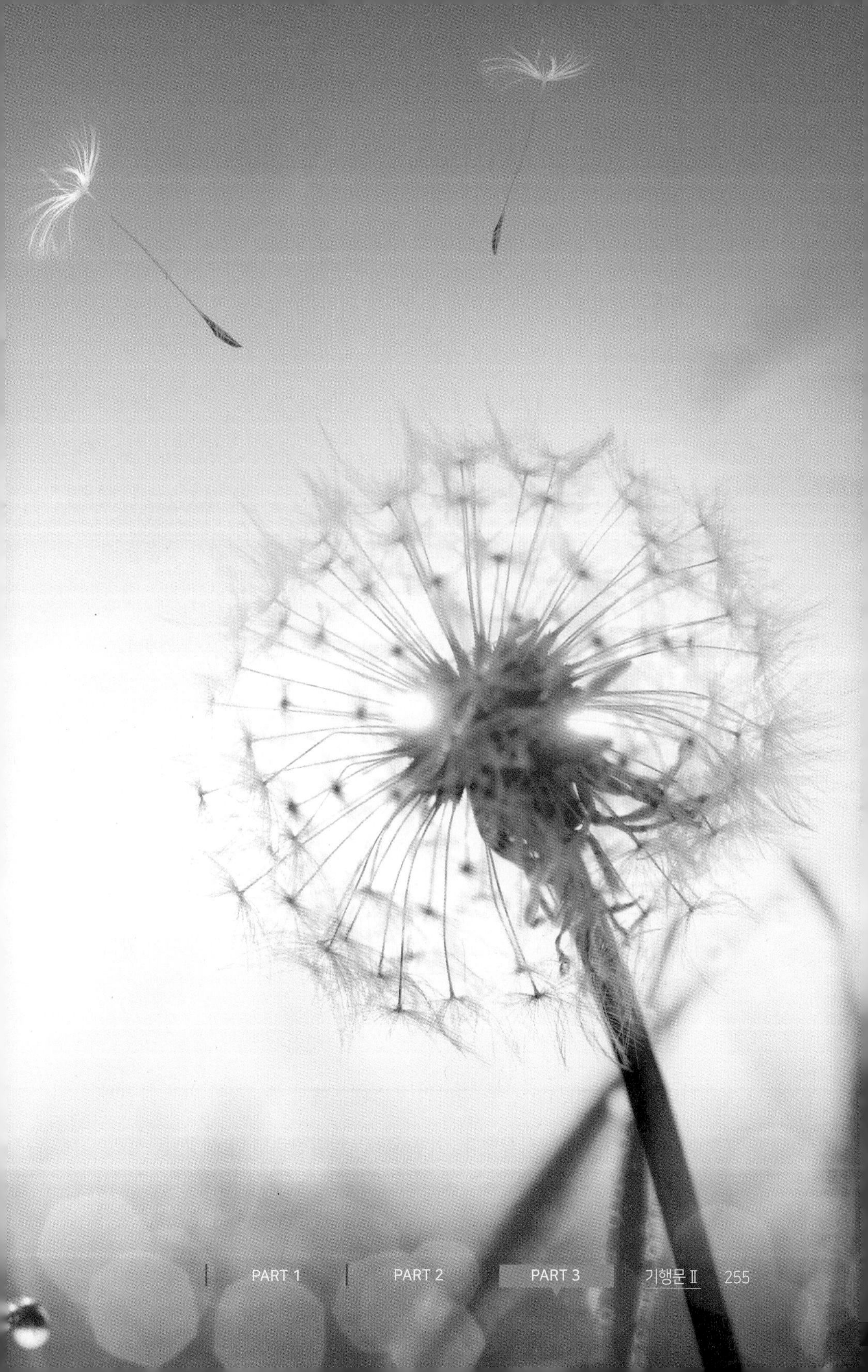

21 _ 인간의 존엄 잃지 않는 '웰다잉(Well-dying)'을 위하여

오늘날 우리나라에서는 매년 20만 명 정도의 암 환자가 발생하고 7만 명 이상이 사망하고 있다. 더는 치료가 불가능한 말기 암 환자들이 인간의 존엄성을 잃지 않으며 생의 마지막 순간을 편안하게 보낼 수 있는 '웰다잉'을 위한 방안, 호스피스 완화의료에 대해 제대로 알 필요가 있다.

호스피스 완화의료란 암, 중증 만성질환 환자들에게 완치를 목적으로 하는 치료 행위가 더는 의미가 없을 때 치료가 목적이 아닌 임종 전까지 통증을 줄이고 편안하게 죽음을 맞이할 수 있도록 보살피는 의료를 말한다. 즉, 죽음이 가까운 환자를 입원시켜 위안과 안락을 얻을 수 있도록 하는 특수병원으로, 말기 환자의 육체적 고통을 덜어주기 위한 치료를 하며 심리적, 종교적으로 도움을 주어 인간적인 삶을 누릴 수 있도록 돕는다.

이를 위해 말기 환자의 통증과 증상의 완화 등을 포함한 신체적, 심리사회적, 영적 영역에 대한 종합적인 평가와 치료를 통해 말기 암 환자와 그 가족의 삶의 질을 향상시키는 것을 목적으로 하며, 말기 암 환자로서 본인이 완화의료 이용을 희망하는 사람을 대상으로 한다.

우리나라는 지난 1964년 강릉 '갈바리 호스피스'에서 종교적인 민간 차원에서 호스피스 완화치료를 시작했다. 이후 2003년 '암관리법'이 제정되면서 법적 근거를 가지게 되었지만 본격적인 국가 차원의 호스피스 완화의료사업은 2010년 들어서면서부터 시작되었다.

지난 2000년 일산병원은 현재 4인 기준 3개 병실과 임종실을 포함해 총 13 병상의 호스피스 완화의료 병동을 운영하였으며, 2015년에는 4인 기준병실 5개와 1인실 1개를 포함한 21개 병상으로 확대 운영하고 있다. 또한 2009년 부터는 말기 암 환자 전문 의료기관으로서 완화의료 건강보험 수가 시범사업 을 시행하기도 하였다. 지금은 입원형, 자문형, 가정형 호스피스를 운영하고 있다.

우리나라는 호스피스 완화의료 시행이 많이 늦은 만큼 이에 대한 인식 부족 으로 전국에 70개의 완화의료 전문병원이 지정, 운영되고 있지만 말기 암 환 자의 이용률은 13.8%에 불과한 것으로 나타났다.

이처럼 이용률이 저조한 이유 중에 하나는 선입견이 작용하기 때문. 일반 적으로 호스피스 완화의료라고 하면 더는 소생 가능성이 없는 사람들이 가는 곳이라고 생각하는 경향이 있다. 그래서 상당수의 말기 암 환자는 가족과 함 께 마지막 시간을 보내고 싶지만, 통증조절에 대한 걱정이나 잘못된 인식 때 문에 주저하는 경우가 많아 환자 개인의 고통은 물론 환자 가족의 경제적 부 담이 가중됨에도 불구하고 중환자실에서 연명치료로 마지막 순간을 맞게 된 다. 의료전문가들은 호스피스 완화의료는 치료의 포기가 아닌 새로운 치료의

시작이라고 말한다.

그런 만큼 호스피스 완화의료의 진정한 의미는 삶의 포기가 아니라 마지막 순간을 아름답게 정리하도록 환자와 가족들이 준비하는 과정과 시간의 마련이라는 인식의 전환이 이루어져야 할 필요가 있다.

이와 더불어 제도적인 문제점도 개선되어야 하는데 말기 암 환자들을 케어하는 의료 시스템과 제도적 장치가 아직은 부족한 실정이어서 호스피스 완화의료를 쉽게 접할 수 있는 제도 보완이 필요하다 할 것이다.

김영성
일산병원 가정의학과 교수

"말기 환자의 마음치료가 바로 완화의료"

호스피스 완화의료가 필요한 이유는?

고령화 사회에서 단순한 삶의 연장보다 질적으로 만족하는 삶에 대한 관심이 증가하면서 'well-dying'에 대한 욕구가 늘어나고 있다

또한 '무의미한 연명치료 중단'에 대한 사회적 이슈, 고령화 사회에서 암, 만성 질환자의 발생빈도가 증가하는 추세지만, 핵가족화로 인한 돌봄 제공의 어려움, 의료비용의 절감, 말기 암 환자 또는 암 환자의 전문적인 증상 조절, 환자의 존엄성 존중 등으로 호스피스 완화의료의 필요성이 대두되고 있다. 의료기술이 발달할수록 의료진에 의한 따뜻한 손길이 줄어드는 아쉬움이 있다.

호스피스 완화의료에서는 이러한 측면을 강화하는 의료를 행하고자 하는 것이며, 암 환자를 대할 때 모든 종류의 암이 전이되는 곳이 마음이라는 생각을 가지고 그들의 마음을 달래주려고 노력을 기울이고 있는 것이다.

호스피스 완화의료가 활성화되기 위해 보완되어야 할 점은?

호스피스 완화의료의 낮은 의뢰율, 늦은 의뢰, 의료기관 간의 연계부족, 전문인력 부족, 표준화된 진료지침 적용의 어려움 등이 극복해야 할 과제이다.

정부는 호스피스 완화의료 활성화 대책방안으로 2020년까지 완화의료 이용률을 현재 13.8%에서 20%로 늘리고 완화의료 전문 병상을 1,400여 개로 확대할 예정이다. 국가적으로 더 많은 환자가 호스피스 완화의료를 이용하게 하기 위한 기반시설의 확대, 적절한 수가의 설정, 홍보, 전문적인 교육 등을 시행하여야 한다.

오늘의 고난은 내일의 행복을 위한 디딤돌

권선복

도서출판 행복에너지 대표이사
한국 정책학회 운영이사

유대인 율법 학자의 구전과 해설을 집대성한 책이자 오늘날까지 유대인의 정신문화의 원천으로 평가받고 있는 『탈무드』에 다음과 같이 짧지만 강렬하고 현명한 문구가 나옵니다.

"잘살아라. 그것이 최고의 복수다!"

인생에는 늘 역경과 영광이 교차합니다. 대부분의 사람들이 역경에 처하게 되면 자신을 둘러싼 환경 하나하나가 모두 불리한 것처럼 여깁니다. 그런데 곰곰이 생각해 보면 사람은 편안함보다는 곤란함에서, 완벽한 승리보다는 아쉬운 패배에서 훨씬 더 많은 것을 배웁니다.

다이아몬드가 갈고 닦는 혹독한 시련을 거쳐야만 더 찬란한 빛을 발하는 것과 같은 이치입니다. 좋은 쇠는 화로에서 백 번 단련된 뒤에 나오고, 매화는 추운 고통을 겪은 다음에 더 그윽한 향기를 내뿜기 마련입니다. 나에게 주어진 시련과 고난을 당당하게 극복하고 인생을 잘살아 내는 것이야말로 최고의 복수인 셈입니다.

사람은 누구나 자신의 인생에 있어서만큼은 조연이 아닌 주인공입니다. 모든 시련은 성공 스토리와 주인공을 빛나게 만들기 위한 좋은 재료일 뿐입니다. 이 책 『고난의 축복』의 이최순 저자처럼 시련 속에서도 무너지지 않는 사람, 그가 주인공입니다.

저자는 자신에게 주어진 '고난'이라는 인생의 고빗길에서도 좌절하지 않고 묵묵히 전진해 나갔습니다. 고난을 디딤돌 삼아 인생의 터닝 포인트를 만들었고, 가족의 헌신적인 사랑과 굳건한 믿음을 토대로 한 걸음씩 새 길을 만들어 갔습니다.

어린 시절 집이 전소된 큰 화재는 저자가 교직에 열정을 바치는 계기가 되어주었고, 생사가 불명했던 패혈증은 교역자의 길을 가게 하는 삶의 전환점이 되어주었습니다. 은퇴 후에도 멈춰 있지 않고 사진과 영상촬영에 대한 열정으로 노후개척의 삶을 살아가고 있습니다.

우리 모두 승리했다고 너무 의기양양해 하거나 패배했다고 너무 기죽지 말고, 멀리 내다볼 줄 아는 지혜를 배워야 합니다. 성공은 결코 영원하지 않으며 실패는 절대로 회복할 수 없을 정도로 치명적인 것이 아니기 때문입니다. 그런 의미에서 책 『고난의 축복』은 '위기는 기회'라는 또 다른 제목의 책이라 할 수 있습니다.

그동안 쉼 없이 달려온 이최순 저자의 어제와 오늘 그리고 내일을 응원하며, 저자의 영화보다 더 영화 같은 삶을 통해 운명보다 더 중요한 것은 그것을 바라보는 태도와 자세임을 한 번 더 깨닫습니다.

이와 더불어 지금 역경과 맞닥뜨려 있는 많은 이들이 오늘의 고난을 내일의 행복을 위한 디딤돌로 삼아 나가기를 소망하며, 언제나 그들에게 행복과 긍정에너지가 팡팡팡 샘솟길 기원 드립니다.

하루 5분나를 바꾸는 긍정훈련

행복에너지

'긍정훈련' 당신의 삶을
행복으로 인도할
최고의, 최후의 '멘토'

'행복에너지
권선복 대표이사'가 전하는
행복과 긍정의 에너지,
그 삶의 이야기!

인터파크
자기계발 분야 주간
베스트 1위

권선복 지음 | 15,000원

권선복

도서출판 행복에너지 대표
영상고등학교 운영위원장
대통령직속 지역발전위원회
문화복지 전문위원
새마을문고 서울시 강서구 회장
전) 팔팔컴퓨터 전산학원장
전) 강서구의회(도시건설위원장)
아주대학교 공공정책대학원 졸업
충남 논산 출생

책『하루 5분, 나를 바꾸는 긍정훈련 - 행복에너지』는 '긍정훈련' 과정을 통해 삶을 업그레이드하고 행복을 찾아 나설 것을 독자에게 독려한다.
긍정훈련 과정은 [예행연습] [워밍업] [실전] [강화] [숨고르기] [마무리] 등 총 6단계로 나뉘어 각 단계별 사례를 바탕으로 독자 스스로가 느끼고 배운 것을 직접 실천할 수 있게 하는 데 그 목적을 두고 있다.
그동안 우리가 숱하게 '긍정하는 방법'에 대해 배워왔으면서도 정작 삶에 적용시키지 못했던 것은, 머리로만 이해하고 실천으로는 옮기지 않았기 때문이다. 이제 삶을 행복하고 아름답게 가꿀 긍정과의 여정, 그 시작을 책과 함께해 보자.

『하루 5분, 나를 바꾸는 긍정훈련 - 행복에너지』

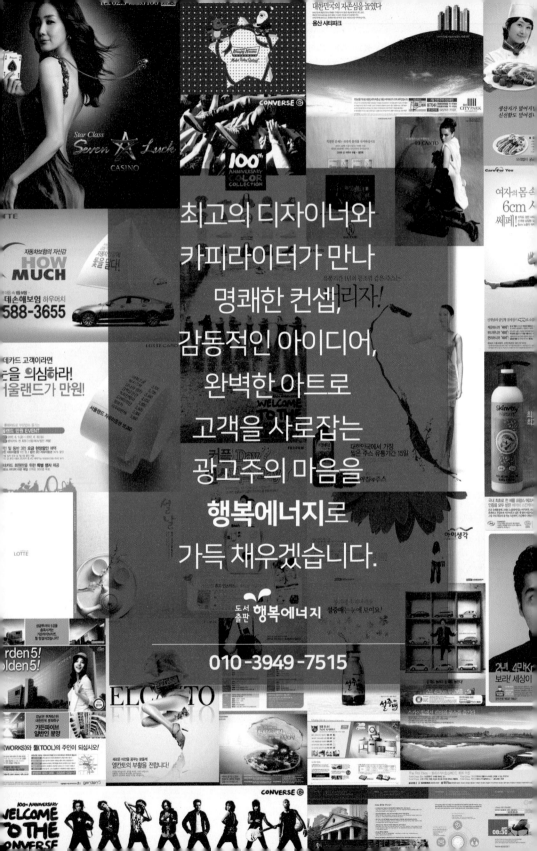

최고의 디자이너와
카피라이터가 만나
명쾌한 컨셉,리자!
감동적인 아이디어,
완벽한 아트로
고객을 사로잡는
광고주의 마음을
행복에너지로
가득 채우겠습니다.

도서
출판 행복에너지

010-3949-7515